Von München nach Verona

Georg Weindl

Reisen mit Erlebnis-Garantie

---

10 **MERIAN-TopTen**
Was Sie unbedingt sehen sollten

! **MERIAN-Tipps**
Persönliche Empfehlungen unserer Autoren

MERIAN-Bewertung

MMM Nicht zu übertreffen
MM Herausragend
M Sehr gut

Für Familien
Für Eltern mit Kindern besonders geeignet

! MERIAN-Tipps

Karten und Pläne

Die Buchstaben-Zahlen-Kombinationen im Text verweisen auf die Planquadrate der Stadtpläne.

Die schönsten Plätze neben der Autobahn sollte man kennen, damit die Urlaubsreise in den Süden möglichst viel Spaß und wenig Stress bereitet.

Alte Bauernhäuser, in traditioneller Holzbauweise errichtet, sieht man oft auf dem Weg nach Süden – vor allem in Südtirol lohnt sich jeder »Umweg« durch die faszinierende Landschaft. Der Weg ist das Ziel ...

Zähflüssiger Kolonnenverkehr auf der **Inntal-Autobahn**, mehrere Kilometer Stau vor der Mautstelle bei Schönberg, überfüllte **Rastplätze** mit Autos und Omnibussen, Schlangen vor den Kassen der **Autobahnrestaurants**. Schlechte Aussichten, wenn einem nach hunderten von Kilometern der Magen knurrt, man sich nach einem belebenden Kaffee sehnt oder auch nur nach einer kurzen Pause – nach etwas Ruhe und frischer Luft, bevor die Reise weitergeht. Natürlich haben wir alle das in dieser oder einer ähnlichen Form erlebt. Monatelang haben wir vom **Strand** geträumt, von den sanften Hügeln der Toskana, vom **Surfen** am Gardasee oder von idyllischen **Bergwanderungen** in den Dolomiten. Stattdessen stehen wir gestresst im Stau, hungrig, durstig und müde.

Noch meilenweit entfernt von Erholung und Entspannung?

Hier beginnt die Erholung

Muss das so sein? Nein, es muss wirklich nicht. Denn nur wenige Meter von der Autobahn entfernt erwarten uns beschauliche Dörfer mit gemütlichen **Gasthöfen**, romantischen Landhotels, versteckten **Gebirgsseen** und genau der Ruhe und Entspannung, die wir uns wünschen.

Es gibt praktisch nichts, was gegen einen kleinen Abstecher von der Autobahn spricht. Das Essen ist in der Regel besser, oft auch um einiges billiger, der Service höchstwahrscheinlich erheblich freundlicher als an Autobahnraststätten, und man genießt ein kurzes, aber wirksames Stück Erholung. Alles, was einen davon abhält, ist die mangelnde Ortskenntnis, die Angst, sich hoffnungslos zu verfahren und in dubiosen Lokalitäten zu landen.

Gerade Letzteres ist doch paradox, denn übers Ohr gehauen wird man üblicherweise nicht dort, wo Einheimische einkehren und sich das Angebot nach kompetenter Nachfrage richtet, sondern wo ahnungslose Touristen leichte Beute vermuten lassen, also an den Pilgerstätten des Massentourismus.

Die **Geheimtipps** entlang der Autobahn wollen gefunden werden. Sonst wären sie ja auch keine Geheimtipps. Man kann also für jede Region einen Führer kaufen, was im Falle einer Reise von Deutschland nach Italien wenigstens vier wären, und man kann sich mühsam durch Bücher und Karten wälzen. Man kann aber auch Einheimische befragen. Das hat etwas von einem Lotteriespiel, schließlich sind Geschmäcker verschieden, und in touristisch hochentwickelten Regionen entpuppt sich

Bild S. 7: Ein historisches Gemäuer und ein historischer Name: das Gasthaus Walther von der Vogelweide in Klausen (→ S. 79).

f Walther von d
66
ALBERGO
PI
SONNE

jeder zweite Passant als ortsunkundiger Holländer, Däne, Niedersachse oder Rheinländer.

Urlaub für Genießer

Das Wappen der Oberaudorfer Weißbierbrauerei Bals (→ S. 34).

Man kann sein **Reisesouvenir** auch an der Autobahntankstelle kaufen. Das sind selten wirkliche Schnäppchen. Der 80- oder 90-prozentige Rum aus Tirol, der stapelweise neben der Kasse steht, mag gut fürs Desinfizieren von Wunden sein, Feinschmecker meiden ihn wie der Teufel das Weihwasser. Sie können mittags an der Raststätte im Selbstbedienungsrestaurant in der Schlange stehen, wo Ihnen ein missmutiger Kellner lauwarme matschige Nudeln auf den Teller schaufelt. Sie können aber auch bei einem guten, leicht verdaulichen Mittagessen völlig entspannt auf der Terrasse eines ehemaligen Jagdschlosses von Thurn und Taxis sitzen und den ersten Urlaubstag genießen – vor Ihnen die **Tiroler Berge,** unter Ihnen die nahe Autobahn.

Die nützlichsten Tipps für die Reise

All die Informationen und Tipps, die für eine Reise in den Süden (oder auch wieder nach Hause) hilfreich sein können, die schönsten **Gasthäuser** und **Hotels,** die wichtigsten **Sehenswürdigkeiten** und die besten **Freizeiteinrichtungen** sind in diesem Band beschrieben. Die meisten Orte erreichen Sie nach fünf bis zehn Minuten Autofahrt.

Deftige Brotzeiten werden auf den Tiroler Almen gereicht.

Bei den MERIAN-Tipps handelt es sich um kleine Ausflüge, die zum Teil etwas weiter entfernt sind und auch ein wenig mehr Zeit in Anspruch nehmen. Dafür sind sie von besonderem Reiz und versprechen echte Abwechslung und Entspannung.

Alle Plätze wurden danach ausgewählt, dass sie maximal 15 Minuten von der Autobahnausfahrt entfernt sind.

Als Einkaufstipps wurden Geschäfte ausgewählt, die landestypische Produkte in guter Qualität und zu marktgerechten Preisen anbieten. So kommt man zu seinem Schnäppchen. Zum Beispiel bei den bekannten Tiroler Trachtenschneidern, die direkt an der Autobahn ihre Betriebe samt günstigem Fabrikverkauf haben, bei renommierten Weingütern in Südtirol und italienischen Feinkostläden.

Die attraktivsten Plätze wurden hier ausgewählt, inklusive Wegbeschreibungen und allen nützlichen Informationen. Damit die Reise in den Urlaubsort (fast) so viel Spaß macht wie der Urlaub selbst. Denn die Erholung soll nicht erst in Wolkenstein, Torbole, am Gardasee, in Siena oder Rimini beginnen. Schließlich ist es Ihr Urlaub.

Land und Leute

Zuerst **Bayern**, dann **Tirol** und **Südtirol**, schließlich das **Trentino** und eine Ecke des **Veneto**: Man durchfährt auf dieser Strecke nicht nur verschiedene Regionen, sondern erlebt auch Schritt für Schritt den Wechsel vom süddeutschen über den alpinen Raum, bis man endlich in rein italienische Gefilde kommt. Der Wandel der

Rebstöcke, so weit das Auge reicht: Die ungemein fruchtbare Bergterrasse südlich von Bozen lässt das Herz jedes Weinfreundes höher schlagen.

Man bewegt sich fast durchgehend in touristisch erschlossenen Gegenden mit einem entsprechend vielseitigen Freizeit- und Gastronomieangebot.

Landschaften fasziniert: Auf das flache Umland Münchens folgt das **Voralpenland**, dann kommen die **Gebirgsregionen** Tirols und Südtirols, bis allmählich die Topographie in der Umgebung von Verona sanfter wird und in die flache **Poebene** übergeht.

Kulinarisch erlebt man in Südtirol einen markanten Wechsel vom deftigen alpinen Charakter ins klassisch Italienische. Das gilt übrigens auch für die Sprache: Bis zur **Sprachgrenze** bei Salurn, etwa eine halbe Stunde nach Bozen, kommt man mit Deutsch gut zurecht. Dann aber verliert sich der Gebrauch der heimischen Sprache schnell. Rein italienisch geprägt ist das angrenzende Trentino mit seinen eher beschaulichen Orten entlang der Autobahn. Zwischen **Mezzocorona** und **Rovereto** spielt der Tourismus eher eine Nebenrolle. Die Orte auf diesem Streckenabschnitt sind vielleicht wenig spektakulär – doch das hat wiederum seinen eigenen Reiz. Wem das zu rustikal ist, findet im benachbarten Veneto, vor allem in **Verona**, und am Ostufer des Gardasees genügend Kurzweil.

Südtiroler Brauchtum wird in zahlreichen Vereinen gepflegt und findet vor allem im Tragen der schmucken Trachten seinen augenfälligen Ausdruck.

Allgemeine Verkehrshinweise

Die Brennerstrecke ist die meistbefahrene Nord-Süd-Route Mitteleuropas. Kein Wunder, dass an Ferienwochenenden **Staus** an der Tagesordnung sind. Neuralgische Bereiche sind vor allem der Teil zwischen München und Kufstein sowie die Brennerstrecke von Innsbruck bis Sterzing – Letztere vor allem wegen häufi-

ger Baustellen und der Wartezeiten an der **Mautstelle** bei Schönberg. An Sonntagen kommt es auch vor Verona wegen des italienischen Rückreiseverkehrs manchmal zu Stauungen. Es empfiehlt sich, vor allem in Tirol und dort insbesondere auf der Brennerstrecke zwischen Innsbruck und Passhöhe die Geschwindigkeitsbeschränkungen zu respektieren. Dort wird von der Gendarmerie fleißig kontrolliert. Zwischen Brenner und Bozen gilt seit einigen Jahren das Tempolimit 110 km/h, was angesichts der zahlreichen Kurven und Tunnels auch verständlich ist. Einige Besonderheiten: Österreichs Polizisten dürfen gemäß einer alten Vorschrift die Geschwindigkeit des Verkehrsteilnehmers mit bloßem Auge schätzen. In Italien ist es verboten, vor Mülltonnen zu parken. Wer auf italienischen Autobahnen an der Mautstelle rückwärts rangiert, riskiert, wie ein Geisterfahrer ziemlich drastisch bestraft zu werden. Achtung: Seit Anfang 2002 muss in Italien mit **Abblendlicht** gefahren werden – auch tagsüber. Diese neue Bestimmung gilt für Autofahrer nur auf den Autobahnen, für Motorräder und Mopeds generell.

Auch auf italienischen Landstraßen ist Zurückhaltung kein Fehler. Carabinieri und Polizia Stradale postieren sich gerne an den Ortsein- und -ausfahrten.

In der jüngsten Vergangenheit konnten die Verkehrsprobleme durch das Überholverbot für LKWs, das von Kufstein bis Affi kurz vor Verona galt, gelindert werden. Man muss also mit Verzögerungen immer rechnen.

Noch ein Hinweis: Die **Streckenkilometer** im Band sind ab dem Autobahndreieck Brunnthal angegebenen, denn dieses Nadelöhr passieren alle Italienreisenden.

Entfernungen (in km) zwischen Orten auf der Strecke

	Brenner	Bozen	Brixen	Innsbruck	Kufstein	München	Rovereto	Schwaz	Trient	Verona
Brenner	–	84	37	32	104	181	159	58	137	226
Bozen	84	–	47	116	188	265	75	142	53	142
Brixen	37	47	–	69	141	218	122	95	100	189
Innsbruck	32	116	69	–	72	149	191	26	169	258
Kufstein	104	188	141	72	–	77	263	46	241	330
München	181	265	218	149	77	–	340	123	318	407
Rovereto	159	75	122	191	263	340	–	217	22	67
Schwaz	58	142	95	26	46	123	217	–	195	284
Trient	137	53	100	169	241	318	22	195	–	89
Verona	226	142	189	258	330	407	67	284	89	–

Deftig-bodenständig oder raffiniert-mediterran: Zwischen München und Verona geht es ganz schön genussvoll zu – vor allem, wenn man die richtigen Adressen kennt.

Die herrliche Altstadt Brixens eignet sich hervorragend zu einem Einkaufsbummel. Wer in keinem Gasthaus einkehren möchte, kann sich an den vielen Marktständen für ein Picknick eindecken (→ S. 76).

In italienischen Hotels ist Frühstücken oft Nebensache (trotzdem manchmal ziemlich teuer, weil es oft extra berechnet wird). Je weiter man nach Süden kommt, desto unwahrscheinlicher wird es, zum Frühstück opulente Wurst- und Käseplatten serviert zu bekommen. Günstiger – und oft besser als das Frühstück im Hotel – ist es, einen Cappuccino oder Espresso mit einem Hörnchen in der nächsten Bar einzunehmen, am besten im Stehen – was viele Einheimische auch auf dem Weg zur Arbeit machen.

Alle in diesem Buch empfohlenen Unterkünfte auf einen Blick

Von München bis Kufstein

Von Kufstein bis Innsbruck

Von Innsbruck bis Sterzing

Preisklassen Übernachten

Die Preise gelten für eine Übernachtung im Doppelzimmer inkl. Frühstück für zwei Personen.

★★★★ ab 150 €
★★★ 100–150 €
★★ 50–100 €
★ bis 50 €

Ein traditionsreiches Nobelhotel mit kuriosem Namen ist der Elephant in Brixen (→ S. 77).

Der größte Unterschied zwischen Deutschen und Österreichern ist die gemeinsame Sprache, erkannte der Satiriker Karl Kraus. Das gilt auch für die Gastronomie. Die wichtigsten Unterschiede sind dem Essdolmetscher (→ S. 122) zu entnehmen.

An den Bars der italienischen Autobahnraststätten ist es üblich, vorher an der Kasse zu zahlen und dann mit dem Beleg an die Bar zu gehen. Cappuccino trinkt man in Italien nur vormittags und (vor allem in guten Restaurants) keinesfalls nach dem Abendessen.

Alle in diesem Buch empfohlenen Lokale auf einen Blick

Von Innsbruck bis Sterzing

Von Sterzing bis Bozen

Von Bozen bis Trient

Von Trient bis Verona

Preisklassen Essen & Trinken

Die Preise gelten für eine Hauptmahlzeit ohne Getränke.

★★★★ ab 20 €
★★★ 12–20 €
★★ 7–12 €
★ bis 7 €

Ländliche Idylle gleich neben der Autobahn – ein guter Grund für einen kurzen Ausflug. Die oberbayerische Postkartenlandschaft schmeichelt Leib und Seele.

Der Zwiebelturm der Wallfahrtskirche von Wilparting bei Irschenberg markiert den Bereich, von dem wahrscheinlich die Christianisierung des ganzen Oberlandes ausging (→ S. 27).

Routendaten

Länge
78 Kilometer

Ausfahrten
- Hofoldinger Forst
- Holzkirchen
- Weyarn
- Irschenberg
- Bad Aibling
- Reischenhart
- Brannenburg
- Oberaudorf
- Kiefersfelden

Von München bis Kufstein

• Sauerlach • Hofolding • Brunnthal • Holzkirchen • Weyarn • Irschenberg • Bad Aibling • Bad Feilnbach • Neubeuern • Nußdorf • Oberaudorf • Niederndorf • Ebbs • Kiefersfelden

Vom Brunnthal-Dreieck, einem wichtigen Knotenpunkt kurz nach München auf dem Weg nach Süden, kommt man in einer guten halben Stunde über den Irschenberg zur Abzweigung am Inntal-Dreieck. Nur wenige Kilometer nach dem Inntal-Dreieck nähert man sich den ersten Alpengipfeln. Keine majestätischen, schneebedeckten Dreitausender, sondern gemütliche, gerade mal halb so hohe Ausflugsberge. Links Heuberg und Kranzhorn, rechts der markante Wendelstein mit den Antennen der Wetterstation. Für die meisten Reisenden ist diese

Ausfahrt Bad Aibling
→ S. 28

Ausfahrt Holzkirchen
→ S. 24

Etappe nur eine Durchgangsstrecke. Trotzdem gibt es viele interessante Sehenswürdigkeiten entlang der Autobahn, die einen – ersten? – Stopp rechtfertigen, sei es nun ein kulinarisches oder ein kulturelles Ziel.

Ausweichstrecken

Vor allem der Abschnitt vom Brunnthal-Dreieck bis zum Inntal-Dreieck ist an verkehrsreichen Wochenenden oft überlastet. Ein Geheimtipp ist ein »Schleichweg« von der Ausfahrt Hohenbrunn noch vor dem Brunnthal-Dreieck an der Münchner Ostumgehung über Putzbrunn, Glonn und Hohenthann bis Bad Aibling. Weiter in Richtung Süden geht es über Bad Feilnbach und Großholzhausen bis Brannenburg und dort wieder auf die Autobahn oder weiter auf Nebenstrecken entweder direkt nach Süden auf der B 15 über Oberaudorf und Kiefersfelden oder auf der anderen, auf der ruhigen und landschaftlich wesentlich reizvolleren Straße über Nußdorf, Erl und Ebbs bis Kufstein.

➡ Ausfahrt Reischenhart → S. 30

S. 40

➡ Ausfahrt Irschenberg → S. 27

➡ Ausfahrt Oberaudorf → S. 32

km 6

Sauerlach

➡ **Ausfahrt Hofoldinger Forst**
6 km nach Süden bis Sauerlach

Nicht weit von der Autobahn liegt Sauerlach, das vor allem von Industrie und Handel geprägt ist. Von hier gibt es eine Alternativroute entlang der Autobahn bis Holzkirchen.

Übernachten

Hotel-Gasthof Sauerlacher Post
Der Gasthof ist direkt an der großen Kreuzung in der Ortsmitte gelegen. Parkplätze vor dem Haus. Bayerische und internationale Gerichte stehen auf der Speisekarte. Großer Gastgarten im Innenhof. Zum Betrieb gehört ein komfortables Hotel mit Sauna und Fitnesseinrichtungen.
Tegernseer Landstr. 2; Tel. 0 81 04/8 30; Fax 83 83; 51 Zimmer ★★★ AmEx DINERS EURO VISA

km 6

Hofolding

➡ **Ausfahrt Hofoldinger Forst**
2 km nach Osten bis Hofolding

Ein kleines Dorf mit den üblichen Bauernhöfen und Wohnhäusern. Außerdem besitzt Hofolding einen beliebten Landgasthof.

Essen & Trinken

Gasthof Werner M
Direkt im Ort an der Kreuzung steht der bayerische Landgasthof, der bekannt ist für große Portionen und günstige Preise. Der Gasthof verfügt über einen Biergarten, der Parkplatz liegt vor dem Haus.
Tel. 0 81 04/26 36; Di–Mo 10–21 Uhr, im Sommer auch Mi ★ (keine Kreditkarten)

Solchen Kirchlein begegnet man auf der Fahrt durch Oberbayern öfter.

Brunnthal

Nur wenige Kilometer von der Autobahn gibt es noch etliche beschauliche Bauerndörfer wie Brunnthal, das weit weniger bekannt ist als das gleichnamige Autobahndreieck.

km 6

➡ **Ausfahrt Hofoldinger Forst**
2 km nach Osten bis Hofolding, in Hofolding links ab, dann noch 3 km bis Brunnthal

Essen & Trinken

Hotel-Gasthof Lutterschmid
Im Dorf kommt man direkt zum Gasthof. Ein großer Parkplatz befindet sich im Innenhof. Typisch bayerische Küche. Fremdenzimmer im Nebenhaus.
Tel. 0 81 02/83 68; Sa–Do 11.30–14, 17–21 Uhr ★★ EURO VISA auf Anfrage

Holzkirchen

Eine lebhafte Kleinstadt mit einem stattlichen Marktplatz, alten Gasthöfen und leider auch viel Durchgangsverkehr.

km 16

➡ **Ausfahrt Holzkirchen**
4 km nach Süden bis Holzkirchen

Essen & Trinken

Brauerei Gasthof Oberbräu MM
Ein bayerisches Wirtshaus wie aus dem Bilderbuch. Der große Gasthof am Marktplatz im Zentrum der Stadt offeriert eine bayerische Küche mit italienischem Einschlag. Innen alte Stuben mit stimmungsvoller Dekoration. Das Haus gehört zu der bekannten gleichnamigen Brauerei.
Marktplatz 18; Tel. 0 80 24/47 31 66; Fax 9 33 40; Do–Di 9.30–24 Uhr ★★ EURO VISA

Zu einer Brauerei gehört auch ein standesgemäßes Wirtshaus: Gasthof Oberbräu in Holzkirchen.

→ Karte S. 20 A8

➡ **Kloster Reutberg/Kirchsee**
In Holzkirchen am Marktplatz in Richtung Bad Tölz bis Sachsenkam, wo der Weg nach rechts abzweigt (beschildert); bis Reutberg ca. 15 Min.

! MERIAN-Tipp

Kloster Reutberg/Kirchsee Nur einige Autominuten von der Autobahn, und man badet in einem wahrhaft idyllischen See, sitzt in einem urgemütlichen Biergarten neben einem stattlichen Kloster und genießt bayerische Gemütlichkeit – klingt fast kitschig. Trotzdem ist der Abstecher von Holzkirchen zum Kirchsee und zum Kloster Reutberg, einem Franziskanerinnenkloster aus dem 18. Jh., ein idealer Zwischenstopp. Erhebend ist der Ausblick vom Biergarten zu den Bergen. Kein Wunder, dass Reutberg auf der Rangliste der schönsten und beliebtesten oberbayerischen Biergärten ganz oben steht. Und falls Petrus mal Regen schickt: Die Stuben sind ebenfalls sehr gemütlich. Das **Bräustüberl Reutberg** (Tel. 0 80 21/86 86) hat keinen Ruhetag und durchgehend warme Küche bis 22.30 Uhr.

Übernachten

Hotel-Gasthof Alte Post
Auf der dem Oberbräu gegenüberliegenden Seite des Marktplatzes steht das Traditionsgasthaus, zu dem auch ein moderner Hotelbetrieb gehört. Rustikales Ambiente, gutbürgerliche Küche. Die Zimmer sind sehr komfortabel und zum Großteil der ruhigen Südseite zugewandt.
Marktplatz 10 a; Tel. 0 80 24/30 05-0; Fax 30 05-5 55; Gasthof Di geschl.; 44 Zimmer ★★ (Gasthof) bis ★★★ (Hotel) EURO VISA

H'otello Holzkirchen
Modern ausgestattete Zimmer, großes Frühstücksbuffet.
Rosenheimer Str. 16–18; Tel. 0 80 24/90 5-0, Fax 90 5-2 15 ★★ AmEx EURO VISA

Die Attraktionen von Kloster Reutberg: schöne Aussicht und das dunkle Bier.

Weyarn

Die schönen Seiten der kleinen Gemeinde an der Autobahn liegen im Verborgenen: vor allem in der Umgebung des **Seehamer Sees** und im **Mangfalltal**.

Essen & Trinken

Gasthof Zum Goldenen Tal
Der stattliche Gasthof liegt mitten im Dorf Naring. Vor dem Haus sitzt man auf einer großen Terrasse. Das Interieur ist ländlich-rustikal, ebenso die allseits bekannte und gelobte Küche.
Naring 101; Tel. 0 80 63/3 28; Mi–So 10–24, Mo ab 14 Uhr, Di geschl. ★★ EURO VISA

Landgasthof Bruckmühle M
Vor der Ortseinfahrt von Weyarn biegt man rechts ab und fährt dann ein kurzes Stück bergab, bis man rechts den Gasthof sieht, der praktisch unter der mächtigen Autobahnbrücke über die Mangfall steht und bequem von der Ausfahrt erreichbar ist. Ein stattlicher Landgasthof mit rustikalem Interieur, gutbürgerlicher Küche und Biergarten.
Mühltal 3; Tel. 0 80 20/2 24, Fax 73 68; Di–So 10–24 Uhr ★★ EURO VISA

Waldrestaurant Maxlmühle MM
Die Anfahrt ist die gleiche wie bei der Bruckmühle. Man fährt noch ein kurzes Stück bis unter die Mangfallbrücke und folgt dann rechts einen guten Kilometer einer schmalen Straße durch den Wald am Flusslauf der Mangfall entlang. Idyllisch gelegenes Landgasthaus direkt am Mangfallufer mit schönem, schattigem Biergarten und eher deftiger bayerischer Küche. Parkplatz gegenüber dem Gasthaus.
Tel. 0 80 20/17 72; Fr–Di 11–23 Uhr ★★ (keine Kreditkarten)

km 22

➡ **Ausfahrt Weyarn**
1 km nach Süden bis Weyarn

➡ **Gasthof zum Goldenen Tal**
In Weyarn links ab in Richtung Seehamer See, dann in Bruck nach links bis Holzolling auf einer landschaftlich sehr reizvollen Strecke, von Holzolling noch 1 km bis Naring

Schmackhaftes Angebot im Gasthof Bruckmühle.

Die Bruckmühle ist ein Landgasthof im Grünen und doch nur einen Katzensprung von der Autobahn entfernt.

Irschenberg

Bekannt ist der Irschenberg durch die lange Steigung der Autobahn, die im Winter zuweilen ihre Tücken hat. Der Ort selbst versteckt sich hinter einem Hügel nördlich der Autobahn.

km 32

➡ **Ausfahrt Irschenberg**
1 km nach Norden bis Irschenberg

Essen & Trinken

Gasthof Post

Ein einfaches Gasthaus mit Biergarten im Zentrum des Ortes. Kein Gourmetlokal, aber eine Alternative zur Raststätte an der Autobahn. Fremdenzimmer.

Breitensteinstr. 1; Tel. 0 80 62/15 14; tgl. 7–24 Uhr, im Winter Mo geschl. ★ (keine Kreditkarten)

Gasthof Zur Post MM

Im Ortszentrum an der Hauptstraße findet man den alten Gasthof, der zu den besten Adressen der Region gehört. Bayerische und internationale Küche für gehobene Ansprüche, dazu ein rustikal elegantes Ambiente und vor allem eine sehr schöne Terrasse an der Rückseite des Hauses. Zum Haus gehören auch zahlreiche Fremdenzimmer.

Hauptstr. 48; Tel. 0 80 64/7 42; Mi–Sa ab 18.30 Uhr, So nur mittags ★★★(Gasthaus) bis ★★ (Fremdenzimmer)

EURO VISA

➡ **Gasthof Zur Post**
Von der Ausfahrt 2 km in Richtung Miesbach, dann links ab in Richtung Bayrischzell, dann nach 1 km wieder links nach Au – insgesamt eine Strecke von 12 km

Sehenswertes

Wallfahrtskirche St. Marinus und Anianus

Nach der Überlieferung wurde das Wilpartinger Kirchlein an der Stelle gebaut, wo die beiden Missionare Marinus und Anianus im Jahr 697 den Märtyrertod starben. Nach den beiden irischen Wandermönchen wurde der Irschenberg (»Irischer Berg«) benannt.

Bild S. 26: Der Name täuscht. Der Gasthof Zur Post in Au ist kein einfaches Wirtshaus, sondern ein gediegenes Feinschmeckerrestaurant.

Votivbilder in der Wallfahrtskirche St. Marinus und Anianus. Im Jahr 657 begann der irische Wanderbischof mit seinem Diakon hier mit der Christianisierung.

→ Karte S. 21

km 41

→ Ausfahrt Bad Aibling
5 km nach Norden bis Bad Aibling

Bad Aibling

Seiner Tradition als Moorheilbad verdankt Bad Aibling ein vielfältiges gastronomisches Angebot. Allerdings machen überfüllte Straßen und Staus am Ortseingang einen Abstecher in den Ort beschwerlich. Wer es trotzdem wagt, findet im Zentrum elegante Häuser am Marienplatz und einen idyllischen Kurpark.

Bad Aibling ist ein traditionsreicher Kurort, der neben seinen gastronomischen Verführungskünsten auch landschaftliche Reize besitzt.

Nobelbiergarten vor aristokratischer Kulisse: Schlosswirtschaft Maxlrain.

→ Schlosswirtschaft Maxlrain
4 km von Bad Aibling nach Nordwesten über Mietraching

Essen & Trinken

Schlosswirtschaft Maxlrain M M
Die Anfahrt über Bad Aibling und weiter nach Norden über Mietraching bis Maxlrain ist etwas umständlich. Dafür kommt man zu einem der schönsten Biergärten der Gegend samt idyllischem Gasthof und einem repräsentativen Schloss als Kulisse. Bayerische Küche mit italienischen Akzenten und Ausflügen in die gehobene Kategorie. An Wochenenden oft überfüllt.
Maxlrain; Tel. 0 80 61/83 42;

Mi–Mo 10–24 Uhr ★★ bis ★★★ (keine Kreditkarten)

Übernachten

Gästehaus Ester
Diese ordentliche und preisgünstige Privatpension ist sehr verkehrsgünstig gelegen. Von der Ausfahrt geht es etwa 2 km nach Norden in Richtung Bad Aibling. Die Pension steht direkt an der Straße neben dem Pullacher Schloss. Wegen der Nähe zur Straße sind Zimmer nach hinten zu bevorzugen. Parkplätze findet man direkt vor dem Haus.
Pullach 11; Tel. 0 80 61/42 67, Fax 3 67 54; 10 Zimmer ★★ (keine Kreditkarten)

Hotel Bihler
Elegantes Drei-Sterne-Hotel in der ehemaligen Villa eines Kunstmalers in sehr ruhiger Lage direkt am Kurpark. Stilvolles Interieur, große überdachte Terrasse. Parkplätze vor dem Haus.
Katharinenweg 8; Tel. 0 80 61/9 07 50, Fax 9 07 51 50; 23 Zimmer ★★ AmEx EURO VISA
auf Anfrage

Romantik Hotel Lindner
Komfortables Traditionshaus in zentraler Lage. Parkplätze hinter dem Haus.
Marienplatz 5; Tel. 0 80 61/9 06 30, Fax 3 05 35; 32 Zimmer ★★★ AmEx DINERS EURO VISA

Bad Feilnbach

Am Fuße der ersten Alpengipfel, die hier aber noch recht sanft wirken, liegt das Moorheilbad Bad Feilnbach. Nur wenige Kilometer von der Autobahn findet man einige Hotels, Gasthöfe und Restaurants.

km 41

➡ **Ausfahrt Bad Aibling**
4 km nach Süden bis Bad Feilnbach

Essen & Trinken

Gasthaus Pfeiffenthaler M
Typisch bayerisches Wirtshaus im Ortszentrum mit gemütlichem Biergarten und speziellem Angebot an biologisch zubereiteten Speisen. Im Hofladen werden bäuerliche Produkte und hausgebackenes Brot verkauft.
Kufsteiner Str. 10; Tel. 0 80 66/2 02; tgl. 7–24 Uhr ★★
EURO VISA

Landgasthaus Aumanwirt MM
Ein urgemütliches Gasthaus mit einem schönen Biergarten in dem kleinen Dorf Altofing am Ostrand von Bad Feilnbach. Das Gasthaus liegt inmitten des Dorfes. Typisch bayerische Küche kommt hier auf die Teller, Süßschnäbel lieben die hausgemachten Kuchen und Obstsäfte. Im Haus gibt es noch einige Fremdenzimmer.

➡ **Landgasthaus Aumanwirt**
Von Bad Feilnbach etwa 1 km nach Osten in Richtung Großholzhausen und dann rechts ab (beschildert) nach Altofing

→ Karte S. 21 A8/93

Mühlweg 34; Tel. 0 80 66/4 56; Mi–So 10–24 Uhr, Mo und Di nur nachmittags ★★ (keine Kreditkarten)

Übernachten

Rösler-Haus M

Der über 300 Jahre alte Bauernhof in Kogl oberhalb von Bad Feilnbach war Wohnsitz des Schriftstellers Jo Hanns Rösler und ist heute eine außergewöhnliche Frühstückspension mit stilvollen Zimmern samt altem Mobiliar und einer Terrasse mit grandiosem Fernblick. Zu den sechs Zimmern gibt es allerdings nur zwei Badezimmer. Üppiges Frühstücksbuffet.
Kogl 2; Tel. 0 80 66/16 01 ★★

➡ **Rösler-Haus**
Von Bad Feilnbach in Richtung Fischbachau, nach 4 km (längere Steigung) rechts ab (beschildert), dann noch 1 km bis zum Rösler-Haus

Info

Kur- und Gästeinformation Bad Feilnbach
Bahnhofstr. 5; 83075 Bad Feilnbach; Tel. 0 80 66/14 44, Fax 90 68 44

---

km 53

➡ **Ausfahrt Reischenhart**
5 km über Kirchdorf nach Neubeuern

Neubeuern

Etliche Jahre ist es schon her, dass Neubeuern zum schönsten Dorf Deutschlands gekürt worden ist. Eine Schönheit ist der Ort auch heute noch. Dies gilt vor allem für den Marktplatz mit den alten Häusern und ihren »Lüftlmalereien«, die an die Blütezeit der Innschifffahrt erinnern. 1

Wahrzeichen des Ortes ist das Schloss, in dem heute ein Internat untergebracht ist.

Neubeuern mit Schloss und Wehrturm.

Essen & Trinken

Gasthof Stangenreiter M
Alteingesessenes Gasthaus direkt am schmucken Marktplatz, der von schönen Bauten mit Lüftlmalerei gesäumt wird. An der Hausmauer dieses Gasthofs findet man kunstvolle Darstellungen der alten Innschifffahrt. Schöner schattiger Biergarten.
Marktplatz 5; Tel. 0 80 35/ 34 66; Mi geschl.; im Winter Do bis 16 Uhr ★

Haschlalm
Beliebtes Ausflugscafé am Marktplatz mit attraktiver Aussichtsterrasse samt Blick auf das Inntal.
Marktplatz 21; Tel. 0 80 35/ 25 19; Mi–Mo 11–23 Uhr ★★ (keine Kreditkarten)

Sehenswertes

Neubeurer See
Der beliebte Badesee liegt nur 2 km von Neubeuern entfernt.

Schloss Neubeuern
Das Schloss thront unübersehbar auf der höchsten Stelle des Ortes und stammt ursprünglich aus dem 12. Jh. Ende des 19. Jh. wurde es nach einem Brand neu aufgebaut. Aus der alten Zeit stammt nur noch der Wehrturm. Besichtigungen nur nach Vereinbarung (Auskunft im Verkehrsamt).

Kein Wunder, dass Neubeuern einst den Titel »schönstes Dorf Deutschlands« gewann.

Übernachten

Hotel Burgdacherl
Das traditionsreiche Haus im Ortszentrum von Neubeuern wartet mit mittlerem Komfort auf. Biergarten, Aussichtsterrasse, Sauna und Solarium sorgen für Entspannung.
Marktplatz 23; Tel. 0 80 35/ 24 56, Fax 13 12; 13 Zimmer
★★ AmEx DINERS EURO VISA

Info

Verkehrsamt Neubeuern
Marktplatz 4; 83115 Neubeuern; Tel. 0 80 35/21 65

➡ **Neubeurer See**
2 km südlich von Neubeuern an der Straße nach Nußdorf; zur Weiterfahrt sind es nur 4 km bis zur nächsten Autobahnanschlussstelle in Brannenburg

km 56

➡ **Ausfahrt Brannenburg**
2 km nach Osten bis Nußdorf

Nußdorf

Einen Katzensprung von der Autobahn entfernt liegt das über 1200 Jahre alte Nußdorf – ein gemütlicher Ort mit stattlichen alten Bauernhäusern und standesgemäßer Gastronomie, ideal für die kurze Verschnaufpause. Einen knappen Kilometer südlich des Dorfes liegt das Nußdorfer Freibad.

Essen & Trinken

Schneiderwirt M
Wirtshaus im klassischen bayerischen Stil, was vor allem für die Küche gilt, mit alter Gaststube und Biergarten, Metzgerei und Fremdenzimmern. Der Schneiderwirt liegt direkt im Zentrum an der Hauptstraße.
Hauptstr. 8; Tel. 0 80 34/45 27; Di–Mi 9–1 Uhr ★★ (keine Kreditkarten)

Info

Verkehrsamt Nußdorf
Brannenburger Str. 10; 83131 Nußdorf; Tel. 0 80 34/90 79-20

➡ **Wallfahrtskirche St. Mariae Heimsuchung**
Vom Dorfzentrum in Richtung Osten etwa eine halbe Stunde zu Fuß bis Kirchwald (beschilderter Weg)

! MERIAN-Tipp

Wallfahrtskirche St. Mariae Heimsuchung Die Wallfahrtskirche ist am Heuberg, dem Hausberg der Nußdorfer, gelegen. 1718 wurde die Kirche von Baumeister Wolfgang Dientzenhofer im barocken Stil errichtet und ist heute besser bekannt als Kirchwald. Dort lebt in einsamer und idyllischer Lage der Einsiedler Pater Marianus. Keine Einkehrmöglichkeit.

km 70

➡ **Ausfahrt Oberaudorf**
1 km nach Westen von der Ausfahrt bis Oberaudorf

Oberaudorf

Dies ist der beliebteste Urlaubsort auf diesem Streckenabschnitt. Der Grund dafür liegt in dem großen Freizeitangebot Oberaudorfs: Bergwanderungen am **Brünnstein** und **Sudelfeld** – wobei der Wasserfall am Tatzelwurm ein beliebtes Besichtigungsobjekt darstellt – sind von Frühjahr bis Herbst möglich, ein kleines Skigebiet findet sich am **Hocheck**. Und dann gibt es noch den Liftzirkus am nahen Sudelfeld im Winter. Nicht gerade mondän, sondern bayerisch-bodenständig gibt sich der Ort. Für eine kleine Erfrischungspause bietet sich ein Ausflug zum Badestrand am **Luegsteinsee** am südlichen Ortsrand an.

Bayerische Küche und eine »heimatfilmtaugliche« Gaststube sind die Vorzüge des Gasthauses Waller bei Oberaudorf.

Von Oberaudorf zu Fuß zu erreichen: die Brücke über den Wasserfall am Tatzelwurm.

Essen & Trinken

Alpenhotel Restaurant Bernhard's
Der ehemalige Wirt der Alpenrose hat das alteingesessene Restaurant im Zentrum an der Hauptstraße übernommen. In der Küche zeigt sich der Herkunft des Wirts entsprechend ein deutlicher Schweizer Akzent.
Marienplatz 2; Tel. 0 80 33/ 3 05 70; Fr–Mi 7.30–1 Uhr; 10 Gästezimmer ★★
EURO VISA

Gasthaus Waller MMM
So urig sind sonst nur die Wirtshäuser in kitschigen Heimatfilmen. Seit 250 Jahren gibt es den Waller neben dem Kloster Reisach im Ortsteil Niederaudorf. Die sehenswerte Stube ist aus dem Jahr 1927, das Fleisch aus eigener Landwirtschaft und das Weißbier von der hiesigen Brauerei Bals.
Urfahrnstr. 10; Tel. 0 80 33/ 14 73; Di–So 11.30–20.30 Uhr ★★ (keine Kreditkarten)

→ Karte S. 21 A93

➡ Luegsteinsee
Durch Oberaudorf nach Süden, die Straße kurz nach dem Burgtor rechts führt direkt bis zum Luegsteinsee

Das bekannte Bier der Weißbierbrauerei Bals.

Sehenswertes

Luegsteinsee
Nicht zuletzt dank der idyllischen Lage ein beliebter Badesee.

Shopping

Weißbierbrauerei Bals
Das Weißbier vom Bals ist für die Oberaudorfer fast schon ein Heiligtum. Recht haben sie, denn die Mini-Brauerei ist eine echte Rarität. Genauso wie die nostalgischen Flaschen mit dem Schnappverschluss – und natürlich auch der Inhalt.
Rosenheimer Str. 21

Übernachtung

Hotel-Gasthof Keindl
Sehr bäuerlicher Hotel-Gasthof mit komfortabler Ausstattung im Ortsteil Niederaudorf. Zum Betrieb gehört eine eigene Landwirtschaft. Anerkannte bayerische Küche.
Dorfstr. 2–4; Tel. 0 80 33/30400, Fax 45 26 ★★ EURO VISA

Info

Verkehrsamt Oberaudorf
Kufsteiner Str. 6; 83080 Oberaudorf; Tel. 0 80 33/3 09-7 43

---

km 70

➡ Ausfahrt Oberaudorf
2 km nach Osten bis Niederndorf

● Niederndorf

Von der Autobahnausfahrt ist es nur ein kurzes Stück zu dem kleinen Ort auf der Tiroler Seite. Über Niederndorf gibt es eine Ausweichroute bis Kufstein linker Hand neben der Autobahn.

Essen & Trinken

Tiroler Hof MM
Gilt als eines der besten Restaurants weit und breit, auch wenn es von außen eher bürgerlich wirkt. Auf der Speisekarte stehen Tiroler und internationale Spezialitäten. So gut isst man so nah an der Autobahn sonst selten. Mit Fremdenzimmern.
Au 209; Tel. 0 53 73/6 12 13; Mi–So 12–14, 18–21, Di ab 18 Uhr ★★★ (keine Kreditkarten)

Shopping

Einige gute Käsereien gibt es in der Gegend von **Niederndorf** und **Ebbs**. Die Familie Gasser im Dorfzentrum von Niederndorf verkauft landwirtschaftliche Produkte. Ganz in der Nähe ist ein weiterer Laden mit Bio-Produkten. Guten Käse kann man auch bei der **Sennerei Hatzenstätt** am Niederndorfer Berg (Richtung Sachrang) kaufen, die es bei Käseweltmeisterschaften schon zu Medaillenehren brachte.

Sehenswertes

Wildpark Wildbichl
Wildbichl ist für Familien ein beliebtes Ausflugsziel. Kein Wunder, kann man hier doch Luchs, Steinbock und Wildschwein live bewundern. Für botanisch Interessierte gibt es noch einen Pflanzen-Lehrpfad. Von der Expedition kann man sich dann im Gasthof erholen.

➡ **Wildpark Wildbichl**
4 km in Richtung Sachrang, beim Sebiwirt links den Berg hoch und weiter bis kurz vor die alte Grenze

---

Ebbs

km 70

➡ **Ausfahrt Oberaudorf**
3 km südöstlich der Autobahn bis Ebbs

Der bekannte Ferienort auf der Tiroler Inntalseite zu Füßen des Zahmen Kaisers hat gastronomisch betrachtet eine Menge zu bieten. Einige renommierte Restaurants und dazu noch etliche Vier-Sterne-Hotels im typischen Tiroler Stil sind hier angesiedelt. Für Pferdeliebhaber ist der **Fohlenhof** ein Muss.

Essen & Trinken

Postwirt M
Wie der benachbarte Unterwirt ein Gasthaus für gehobene Ansprüche. Das Vier-Sterne-Hotel hat 85 Betten und 18 Ferienwohnungen mit komfortabler Ausstattung. Außerdem gibt es eine Tiroler Stube mit Vinothek.
Wildbichler Str. 25; Tel. 0 53 73/4 22 24; Do–Di 11.30–13.30, 18–20.30 Uhr ★★★ AmEx DINERS EURO VISA

Unterwirt M
Direkt neben der Kirche steht das Vier-Sterne-Haus, das sich Gourmethotel nennt und für seine Tiroler und internationalen Spezialitäten bekannt ist. Neben dem haubengekrönten Restaurant gibt es Fremdenzimmer mit gehobener Ausstattung. Zum Betrieb gehört das Drei-Sterne-**Hotel Stephanie**.
Wildbichler Str. 38; Tel. 0 53 73/4 22 88; Do–Mo 12–14.30, 17–23 Uhr, Mi nur abends ★★★ AmEx

Sehenswertes

Fohlenhof
Etwas außerhalb des Dorfes im Nordosten befindet sich das berühmte Haflinger-Gestüt, Ziel Tausender von Pferdeliebhabern. Regelmäßig gibt es Wettkämpfe und Veranstaltungen.

Freizeitzentrum »Hallo Du«
Die neue Erlebnis- und Freizeitanlage mit großem Sportangebot liegt im Ortsteil Kleinfeld nahe der Straße nach Kufstein.

Info

Tourismusverband Ebbs
Raiffeisenplatz; A-6341 Ebbs; Tel. 0 53 73/4 23 26

km 74

→ Ausfahrt Kiefersfelden
1 km nach Westen nach Kiefersfelden

• Kiefersfelden

Auf den ersten Blick ein schnöder Durchgangsort. Dabei hat die Grenzgemeinde viel zu bieten: elegante alte Villen, ländliche Idylle im Hinterland und das älteste Volkstheater Deutschlands. Alljährlich finden hier die berühmten Ritterspiele statt.

Essen & Trinken

→ Ledererhof
Rund 3 km auf der Thierseestraße nach Westen bis zur Anhöhe Breitenau

Ledererhof M
Auf der Anhöhe Breitenau liegt das nostalgische Gasthaus in bester Panoramalage. Schöne Terrasse, Fremdenzimmer. Unterwegs zum Ledererhof bietet sich neben der Wachtlbahn bei einem Parkplatz an der Straße ein kurzer Aufstieg zum Hechtsee an, der schon auf Tiroler Gebiet liegt.
Breitenau 8; Tel. 0 80 33/ 60 95 70; tgl. Di–Sa 11–20.30, So ab 9 Uhr, Mo geschl. ★★ (keine Kreditkarten)

Schaupenwirt M M
Ein bayerisches Wirtshaus, wie es im Buche steht. Eine eigene Metzgerei und Schnapsbrennerei und vor dem Haus ein 100 Jahre altes Salettl mit schattigen Sitzplätzen. Zum Haus gehören auch etliche Fremdenzimmer. Man erreicht den Schaupenwirt, der in einem Wohngebiet westlich des Zentrums liegt, über die Thierseestraße.
Kaiser-Franz-Josef-Allee 26; Tel. 0 80 33/82 15; Do–So 10–21, Mo, Mi 16–21 Uhr, Di geschl. ★ (keine Kreditkarten)

Nostalgie pur: Biergarten und Salettl beim Schaupenwirt.

Sehenswertes

Gießenbachklamm
Eine schroffe Klamm und das größte Wasserrad Bayerns sind das Ziel eines Spaziergangs etwas westlich von Kiefersfelden. Wer nicht ganz so weit laufen will: In der Nähe ist eine Haltestation des Wachtl-Express.

Hödenauer See
Der Hödenauer See bietet Wasserskilift, Badebetrieb und Strandcafé. Die Liftanlage ist von Anfang Mai bis Ende September in Betrieb. Für 8 € (inkl. Ausrüstungsmiete) kann man fünf Runden mit dem Wasserskilift drehen.

➡ **Hödenauer See**
Unweit der Autobahnausfahrt an der Straße nach Oberaudorf

Innsola
Die großzügige Bade- und Saunaanlage mit Sprudelbecken im Freien liegt direkt an der Hauptstraße. Perfekt zum Austoben für quengelnde Kinder!
Kufsteiner Straße; tgl. 9–21 Uhr

Theaterstadl
Das älteste Volkstheater Deutschlands geht auf das Jahr 1618 zurück, besitzt eine einzigartige barocke Drehkulissenbühne und ist Schauplatz der legendären, im Sommer stattfindenden Ritterspiele.
Theaterweg

Wachtl-Express
Gut 70 Jahre sind die beiden Lokomotiven alt, die den Wachtl-Express und seine Gäste entlang der Grenze bis zum alten Steinbruch transportieren. Unterwegs kann man beim Hechtsee Station machen und einen kurzen Spaziergang zu dem versteckten Bergsee unternehmen. Der Nostalgiezug verkehrt von Juni bis Ende September.

Übernachten

Gruberhof
Mitten im Ort befindet sich der traditionsreiche Hotel-Gasthof in der König-Otto-Straße. Beheiztes Freibad, Sauna, Solarium.
König-Otto-Str. 2; Tel. 0 80 33/70 40, Fax 75 50; 30 Zimmer
★★ AmEx DINERS EURO VISA

Zur Post
Rustikales Komforthotel in zentraler Lage mit Sauna, Solarium und hauseigener Metzgerei. Die Übernachtung mit Frühstück kostet im Doppelzimmer ab 30 € pro Person.
Bahnhofstr. 26; Tel. 0 80 33/70 51, Fax 85 73; 73 Zimmer
★★ AmEx DINERS EURO VISA

Info

Verkehrsamt Kiefersfelden
Dorfstr. 23; Tel. 0 80 33/97 65 27

Rechts und links des Inns warten viele reizvolle Ausflugsziele darauf, entdeckt zu werden. Ideal für eine kurze, aber intensive Verschnaufpause.

Vom 1563 Meter hohen Pendling genießt man nach Osten einen fantastischen Ausblick über das Inntal mit Kufstein, der viel besungenen »Perle Tirols« (→ S. 42), und zum Wilden sowie zum Zahmen Kaiser.

Routendaten

Länge
72 Kilometer

Ausfahrten
- ➡ Kufstein-Nord
- ➡ Wörgl-Ost
- ➡ Kramsach
- ➡ Achensee/ Zillertal
- ➡ Schwaz
- ➡ Wattens
- ➡ Hall-Ost

Von Kufstein bis Innsbruck

• Kufstein • Wörgl • Kramsach • Brixlegg • Alpbach • Jenbach • Schwaz • Wattens • Hall in Tirol

Man sollte diesen ziemlich gerade und scheinbar monoton verlaufenden Teil der Inntal-Autobahn nicht unterschätzen. Entlang der Strecke gibt es nicht nur kulturell und historisch bedeutende Orte wie Kufstein, Rattenberg, Schwaz und Hall, sondern auch einige kleine Fluchten, kleine Paradiese direkt neben der Autobahn: Versteckte Badeseen, urige Gasthäuser und verträumte Hotels sorgen für aktive oder passive Entspannung.

➡ Ausfahrt Kufstein-Nord → S. 45

S. 21

➡ Ausfahrt Wörgl-Ost → S. 46

➡ Ausfahrt Kramsach → S. 49

Ausweichstrecken

Parallel zur Autobahn führt die Bundesstraße über Wörgl, Brixlegg und Schwaz bis Innsbruck, die allerdings streckenweise viel Güterverkehr hat und einige Ortsdurchfahrten absolviert. Für Genießer, denen es nicht so sehr auf die Zeit ankommt, ist die westlich verlaufende Straße von Kufstein über Langkampfen, Mariastein und Breitenbach bis Kramsach ein echter Geheimtipp: kaum Verkehr und eine alpine Bilderbuchlandschaft.

Ausfahrt Kramsach
→ S. 50

Ausfahrt Schwaz
→ S. 53

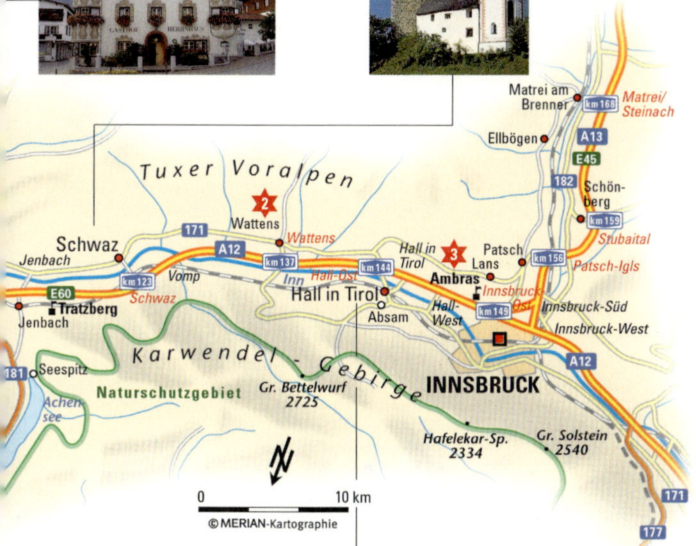

S. 56

Ausfahrt Hall-Ost
→ S. 55

→ Karte S. 40

km 77

➡ **Ausfahrt Kufstein-Nord**
1,5 km nach Süden bis Kufstein

• Kufstein

Das unübersehbare Wahrzeichen der Tiroler Grenzstadt, die mächtige und gut 800 Jahre alte **Festung**, ist nicht die einzige Sehenswürdigkeit in Kufstein. Die Perle Tirols, wie die Stadt oft besungen worden ist, ist nicht nur ein beliebtes Einkaufsziel, es gibt auch einige außergewöhnliche Gasthäuser. Genug also für einen kurzen Stopp.

Wer einen Stadtbummel und vielleicht einen Besuch der Festung anpeilt, fährt von der Ausfahrt über den Kreisverkehr, dann ein kurzes Stück auf einer Art Umgehungsstraße in Richtung Zentrum. Links vom Stadtplatz gibt es einige Nebenstraßen mit Parkplätzen und in der Praxmarerstraße neben der Schule auch eine Parkgarage.

Essen & Trinken

Auracher Löchl M M
Bekanntestes Gasthaus der Stadt. Urwüchsiges Interieur und bodenständige Tiroler Küche. Jeden Freitag, Samstag und Sonntag wird Tiroler Stimmungsmusik geboten. Außerdem finden in einem alten Geheimstollen Weinverkostungen statt. Zum Lokal gehört auch ein Mittelklassehotel mit 4 Einzel- und 23 Doppelzimmern.
Römerhofgasse 3–5; Tel. 0 53 72/6 21 38; tgl. 11–24 Uhr
★★ AmEx DINERS EURO VISA

Batzenhäusl M
Auch bei den Einheimischen sehr beliebtes Weinlokal in einer Seitengasse am Unteren Stadtplatz direkt neben dem Auracher Löchl. Parkplätze findet man eher noch im Bereich des Oberen Stadtplatzes oder am gegenüber liegenden Innufer.
Römerhofgasse 1; Tel. 0 53 72/6 24 33; Mo–Sa 9–24 Uhr
★★ (keine Kreditkarten)

Theaterhütte M
Uriges Tiroler Wirtshaus in herrlicher Panoramalage oberhalb der Talstation des Kaiser-Sesselliftes am nördlichen Stadtrand. Man folgt von der Talstation dem beschilderten Weg etwas bergauf durch den Wald bis zum Lokal, wo gute Tiroler Küche serviert wird. Großer Gastgarten mit schöner Aussicht auf das Inntal. Parkplätze vor dem Haus.
Obere Sparchen 5; Tel. 0 53 72/6 45 19; Mi–Mo 11.30–22 Uhr EURO VISA

In einer Seitengasse des Unteren Stadtplatzes findet man das Batzenhäusl. Gleich daneben liegt das nicht minder bekannte Auracher Löchl.

Schicketanz
Batzenhäusl
Eingang
Weinstube
Batzenhäusl
ELEKTROTECHNIK
Roland
KU 7 SGA

→ Karte S. 40 A 12

Sehenswertes

Festung Kufstein
Die knapp 800 Jahre alte Festung kann man zu Fuß oder mit der jüngst wiedereröffneten Panoramabahn Kaiser Maximilian erreichen. Auf dem Gelände befindet sich das Heimatmuseum bei der Oberen Schlosskaserne, wo es auch eine Gastwirtschaft gibt.
Tgl. 9–17 (Sommer), 10–16 (Winter); Eintritt für Erwachsene ab 7 €, Kinder bis 6 Jahre frei

Innschifffahrt Kufstein
Geboten wird eine einstündige Tour auf dem Inn mit einem Glasdach-Motorboot. Die Anlegestelle liegt am Fischergries nahe dem Unteren Stadtplatz. Fahrten werden ab Ostern angeboten, ab Mai täglich.
Tel. 0 53 72/6 77 20; Fahrpreis 3–12 €

! MERIAN-Tipp

Sinnfonie Die Erlebniswelt des renommierten Weinglasproduzenten Riedel enthält ein »Abenteuer der Wahrnehmungen«, eine Schauhütte der Glasmacherkunst und das »Spektakel der Sinne«, in dem eine audiovisuelle Show mit den Besonderheiten der sinnlichen Wahrnehmung vertraut macht. Weißachstr. 28–34, Mo–Fr 9–12, 13–16 Uhr

Shopping

Bischofer
Eine gute Auswahl an Tiroler Käse, Speck, Wein und Naturprodukten.
Oberer Stadtplatz 16

Lodenhaus Tyrol
Große Auswahl an Trachtenkleidung. Etwas nördlich des Zentrums an der Hauptstraße gelegen.
Kaiserbergstr. 29–31

Riedel Gläser MM
Der Fabrikverkauf des Glasherstellers Riedel in der Weißachstraße im Süden des Ortes offeriert eine große Auswahl an edlen Weingläsern und Glaskunst.
Weißachstr. 28

Übernachten

Alpenrose
Komfortables Hotel der Best-Western-Kette am südlichen Stadtrand mit bekannt gutem Restaurant.
Weißachstr. 47; Tel. 0 53 72/6 21 22, Fax 62 12 27; 20 Zimmer ★★★ AmEx DINERS EURO VISA

Das Kufsteiner Rathaus am Unteren Stadtplatz zeugt noch heute von der Bedeutung der Stadt im Mittelalter.

→ Karte S. 40 A 12

Goldener Löwe
Komfortables Mittelklasse-hotel in zentraler Lage am Oberen Stadtplatz.
Oberer Stadtplatz 14; Tel. 0 53 72/62 18 10, Fax 62 18 18; 37 Zimmer ★★ AmEx DINERS EURO VISA

Info

Tourismusverband Kufstein
Unterer Stadtplatz 8; A-6330 Kufstein; Tel. 0 53 72/6 22 07

km 92

➡ **Ausfahrt Wörgl-Ost**
1 km nach Süden bis Wörgl

● Wörgl

Die lebhafte Industriestadt Wörgl ist nicht unbedingt ein idealer Ferienort. Vor allem wochentags gestaltet sich die Durchfahrt wegen des starken LKW-Verkehrs als schwierig. Im Zentrum gibt es einige Gasthöfe und Hotels. Zum Einkaufen empfiehlt sich ein Abstecher in die verkehrsberuhigte Bahnhofstraße. Wesentlich reizvoller ist das Umland, vor allem mit der idyllischen Gegend um **Angerberg** und **Mariastein** oberhalb der Autobahn auf der Westseite des Inntals.

Essen & Trinken

Gasthof Baumgarten M
Altes Tiroler Wirtshaus in ruhiger Lage im Ortsteil Angerberg oberhalb von Wörgl, rund 3 km von der Autobahnausfahrt (links abbiegen). Tiroler Spezialitäten, hausgemachtes Brot und selbst gebrannter Schnaps. Komfortable Fremdenzimmer.
Mitte 34; Tel. 0 53 32/5 62 12; Do–Di 16–24, Sa, So 7.30–24 Uhr ★★ EURO

Abseits vom Trubel und dennoch nicht weit von der Autobahn: die Gnadenkapelle in Mariastein.

MERIAN-Tipp

Wallfahrtskirche Mariastein Die Attraktion Wörgls ist natürlich die alte Wallfahrtskirche, die eher wie eine Festung aussieht. 150 Stufen sind es bis zur Gnadenkapelle mit dem berühmten gotischen Madonnenbild.

Gasthof Lamm
Typisch Tiroler Gasthof südlich des Ortszentrums in der Innsbrucker Straße. Restaurant mit Tiroler Spezialitäten und Gastgarten, Fremdenzimmer.
Innsbrucker Str. 7; Tel. 0 53 32/7 22 01; Mo–Fr 8–14, 16.30–24 Uhr ★★ AmEx DINERS EURO VISA

Sehenswertes

Schlossmuseum
Einen Besuch wert ist das Schlossmuseum mit den Tiroler Landesinsignien.
Mariastein; tgl. 9–17 Uhr; Führung 2,50 €

Übernachten

Hotel Alte Post
Zentral gelegenes Drei-Sterne-Hotel im modernen Stil. Eigener Parkplatz. Komfortable Ausstattung.
Andreas-Hofer-Platz 2; Tel. 0 53 32/7 22 03; Fax 7 46 03; 27 Zimmer ★★ AmEx DINERS EURO VISA

Info

Tourismusverband Wörgl
Bahnhofstr. 4a; A-6300 Wörgl; Tel. 0 53 32/7 60 07

➡ **Wallfahrtskirche Mariastein**
Von Wörgl-Ost ein kurzes Stück in Richtung Kufstein, dann nach links abbiegen (beschildert)

Kramsach

km 107

➡ **Ausfahrt Kramsach**
1 km nach Norden bis Kramsach

Gleich drei Orte scharen sich direkt um diese Abfahrt. Die lebendige Industriegemeinde **Brixlegg**, das schmucke historische **Rattenberg** und das grüne und ruhige Kramsach – für jeden Geschmack etwas. Und wer mehr Zeit hat, dem sei ein Abstecher ins »schönste Dorf Österreichs« empfohlen, nach **Alpbach.** Dieser Prototyp eines wohlhabenden Tiroler Bergdorfs verdankt seinen Wohlstand zu großen Teilen dem Kupfer- und Silberbergbau, der hier jahrhundertelang in Zusammenarbeit mit den Fuggern betrieben wurde (→ S. 51).

Essen & Trinken

Gasthof Voldöpp
Die singende Wirtin von Kramsach: Im alten Gasthof (mit 25 Fremdenzimmern), der seine Ursprünge im 16. Jh. hat, gibt es Tiroler Spezialitäten. Das Angebotene stammt aus der eigenen Landwirtschaft.
Voldöpp 30; Tel. 0 53 37/6 23 33; Mi–Mo 11–14, 17.30–21 Uhr ★★ (keine Kreditkarten)

→ Karte S. 40 A 12

➡ **Glasstadt Rattenberg**
Von der Autobahnausfahrt ca. 2 km in Richtung Wörgl

➡ **Museum Tiroler Bauernhöfe**
Von Kramsach ca. 2 km nach Osten (beschildert)

Das Servitenkloster von Rattenberg beherbergt heute ein Museum.

Sehenswertes

»Friedhof ohne Tote«
Ein Kuriosum ist der Schaufriedhof eines ehemaligen Kramsacher Grabkreuzschmieds vor allem wegen der lustigen und oft deftigen Grabsprüche. Den Friedhof findet man im Westen von Kramsach im Ortsteil Hagau.

Glasstadt Rattenberg
Das schmucke Ortszentrum von Rattenberg mit den historischen Häusern, den zahlreichen Glasgeschäften und dem Servitenkloster ist ein beliebtes (und entsprechend frequentiertes) Ziel. Mit dem Bau der Unterführung wurde der Ort verkehrsberuhigt. Parkplätze jeweils im Westen und Osten des Ortes.

! MERIAN-Tipp

Kramsacher Badeseen
Nur wenige Minuten von der Autobahn liegen versteckt hinter einem Höhenrücken der Buchsee, der Krummsee und der Reintaler See, allesamt mit Strandbädern ausgestattet. Ideal für eine kurze Badepause. Am Reintaler See liegt mit dem »Seeblick Toni« einer der wohl besten Campingplätze Österreichs.

Museum Tiroler Bauernhöfe
Das nicht immer idyllische Leben der Tiroler Bauern wird hier lebensecht in 14 Höfen dargestellt.

März–Okt. tgl. 9–18 Uhr, regelmäßige Vorführungen um 14 Uhr; Eintritt Erwachsene ca. 5,50 €, Kinder bis 10 Jahren 2,20 €, bis 6 Jahre frei

Übernachten

Sporthotel Sonnenuhr
Das ruhige Kramsach ist für Übernachtungen eine gute Adresse. Im typischen Tiroler Stil ist das Sporthotel der Vier-Sterne-Kategorie gehalten. Sauna, Dampfbad, Whirlpool, Solarium, Tischtennis und Billard werden angeboten. Selbst über einen Fahrradverleih verfügt das Hotel am Ortsrand von Kramsach. Tennisplatz und beheiztes Freibad können kostenlos benutzt werden.
Mariatal 426; Tel. 0 53 37/ 6 26 04, Fax 6 26 04 44;
51 Zimmer ★★★ EURO VISA

Nicht nur von außen zu bewundern: urtümliche Bauernhöfe im Kramsacher Museum Tiroler Bauernhöfe.

Brixlegg

km 107

➡ **Ausfahrt Kramsach**
2 km nach Süden bis Brixlegg

Am Eingang des **Alpbacher Tals** liegt der Ort, dessen Peripherie ein hektisches Industriegebiet ist, dessen Zentrum aber vor allem wegen des besonderen gastronomischen Angebots einen Besuch wert ist.

Außerdem sind es von Brixlegg aus nur wenige Minuten zu reizvollen Orten wie zum Beispiel das etwas oberhalb gelegene Reith. Im Sommer sollte man einen Abstecher mit einem Besuch des idyllisch gelegenen Badesees in Reith verbinden. Für die Weiterfahrt kann man die Bundesstraße bis zur nächsten Ausfahrt Achensee/Zillertal nehmen.

Essen & Trinken

Gasthof Herrnhaus M
Ein herrschaftliches Gasthaus im Zentrum von Brixlegg mit bekannt guter Tiroler Küche und aufmerksamem Service. Die Spezialitäten des Hauses, seit 1620 eine Gaststätte, kommen teilweise aus eigener Schlachtung. Für die Kleinen gibt es sämtliche Gerichte als Kinderportionen. Das Gebäude stammt aus dem Jahr 1416. Die Wände sind noch original holzvertäfelt, alte Bauernmöbel lassen die Herzen von

→ Karte S. 40

Ein Gasthof, der seinem Namen alle Ehre macht, ist das Herrnhaus im Zentrum von Brixlegg (→ S. 49).

Antiquitätensammlern höher schlagen.
Herrnhausplatz 1; Tel. 0 53 37/ 6 22 23; Do–Mo 9.30–24, Mi 17–24 Uhr, Di geschl. ★★★ DINERS EURO VISA

Tiroler Weinstuben
Der Name trügt: In dem alten Bauernhof logiert ein bekanntes Feinschmeckerrestaurant. Man diniert in stilvollem Tiroler Ambiente. Das Lokal ist sehr verkehrsgünstig an der Ortsdurchfahrt von Brixlegg gelegen.
Marktstr. 40; Tel. 0 53 37/ 6 33 90; Mi–So 11–23 Uhr ★★★★ AmEx EURO

Shopping

Gießwein M
Der bekannte Trachtenschneider in Brixlegg bietet natürlich auch einen Fabrikverkauf an. Von der Autobahn vor Brixlegg biegt man links ab ins Gewerbegebiet (beschildert). Große, qualitätvolle Auswahl für Kinder und Erwachsene vom Filzpantoffel bis zum trendgerechten Country-Style.
Niederfeldweg 5–7; Mo–Fr 9–18, Sa 9–13 Uhr

Übernachten

Gästehaus Ainberger
Dieses Jugendgästehaus, idyllisch am Ortsrand von Brixlegg gelegen, bietet Übernachtungsmöglichkeiten auch für den schmalen Geldbeutel. Gemütliche Abende mit Tiroler Speckjause.
Zimmermoos 9; Tel. 0 53 37/ 6 55 40, Fax 6 55 40; 50 Betten in 2 Doppel- und 9 Mehrbettzimmern ★ EURO VISA

Alpbach

Nach Alpbach ist es eine gute Viertelstunde mit dem Auto – doch die lohnt sich. Es ist zwar schon einige Jahre her, dass der Ort den Titel »schönstes Dorf Österreichs«, gewann, aber dieser hat auch heute noch seine Berechtigung. Zahlreiche alte Bauernhöfe prägen das Ortsbild und den Ortskern mit den engen Kurven.

km 107

➡ **Ausfahrt Kramsach**
2 km nach Süden bis Brixlegg, am Kreisverkehr links, ab da beschildert

Essen & Trinken

Gasthaus Rossmoos M
Nostalgischer Gasthof (alter Bauernhof aus dem 17. Jh.) außerhalb von Alpbach in Panoramalage mit schöner Terrasse. Bodenständiges Interieur und klassische Tiroler Küche mit hausgemachter Wurst und Wildspezialitäten. Man fährt durch den Ort vorbei am Kongresszentrum und weiter bis zum ersten Weiler in Richtung Osten.
Hochzeile 92; Tel. 0 53 36/53 05; Mi–Mo 12–13.45, 18–20.45 Uhr ★★ EURO VISA

Zottahof M M
Östlich von Alpbach liegt der alte Bauernhof mit seiner kleinen Gaststube an einer steilen Straße. Mindestens so berühmt wie die Wirtin Gitta ist auch der in gigantischen Portionen verabreichte Kaiserschmarrn. Kurzum: eine deftige und rustikale Einkehr. Vom Balkon genießt man außerdem einen grandiosen Blick auf das Tal.
Tel. 0 53 36/51 14; Mi geschl.
★★ (keine Kreditkarten)

Übernachten

Romantikhotel Böglerhof M
Traditionsreiches Komforthotel mit schönem Restaurant im Alpbacher Stil. Großzügige Ausstattung und ein vielseitiges Freizeitangebot sind die Trümpfe des Hauses.
Alpbach 166; Tel. 0 53 36/5 22 70, Fax 52 27 04 02; 51 Zimmer ★★★ AmEx DINERS EURO VISA nur im Hotel

Info

Ferienregion Alpbachtal & Tiroler Seenland
Dorf 41a; A-6235 Reith;
Tel. 0 53 37/6 34 80

! MERIAN-Tipp

Alpbacher Erlebnis-Hallenbad Das Bad bietet eine Insel mit Wasserfall, eine 25 m lange Wasserrutsche, eine große Liegewiese mit Spielplatz, Sauna und Solarium für kleine und große Wasserratten.
Vor dem Ortsrand rechts, Ende Mai–Anfang Okt. Di–So 10–21 Uhr

km 115

Jenbach

➡ Ausfahrt Achensee/ Zillertal
2 km nach Westen bis Jenbach

Die Westseite des Inntals ist relativ wenig bekannt. Kein Wunder, schließlich zieht es die meisten Gäste auf die andere Seite ins Zillertal. Als Ausgangspunkt zweier Nostalgiebahnen – einer Dampfzahnradbahn zum Achensee und der Zillertalbahn nach Mayrhofen – ist Jenbach jedoch allemal einen Abstecher wert.

Sehenswertes

➡ Schloss Tratzberg
Von Jenbach 1 km Richtung Westen

Schloss Tratzberg
Der majestätische Bau, ehemals ein Jagdschloss der Fugger, kann von April bis Oktober von 10 bis 16 Uhr besichtigt werden. Ein wertvolles Interieur samt Waffensammlung gibt es dabei zu bestaunen. Vom Parkplatz zum Schloss gibt es einen nostalgischen **Bummelzug**. Am Fuße des Schlosses steht das **Café zum Schlosswirt** (Ende März–Anfang Okt. tgl. 13–19 Uhr).
Ende März–Okt. tgl. 10–16 Uhr

Shopping

Wesenjak
Bekannter Trachtenhersteller im Gewerbegebiet nahe beim Bahnhof der Zillertalbahn. Günstige Angebote im Werksverkauf.
Mo–Fr 9–13 und 14–18, Sa 9–12 Uhr

Übernachten

➡ Gasthof Esterhammer
Von Jenbach 1 km in Richtung Schwaz bis Rotholz

Gasthof Esterhammer
Über 400 Jahre alter Gasthof in der kleinen Gemeinde Rotholz an der Bundesstraße. Fremdenzimmer, romantischer Obstgarten mit Schwimmbad und Liegewiese.
Tel. 0 52 44/6 22 12, Fax 63 20 06; 18 Zimmer ★★
AmEx DINERS EURO VISA

Info

Tourismusverband Jenbach
Achenseestr. 37; A-6200 Jenbach; Tel. 0 52 44/6 39 01

! MERIAN-Tipp

Achenseebahn/Zillertalbahn Vom Bahnhof in Jenbach, südlich des Ortes nahe der Autobahn, starten die Achenseebahn und die Zillertalbahn. Die Achenseebahn ist ein nostalgischer Zug mit 110 Jahre alten Lokomotiven. Die Fahrt geht über 7 km, dauert 45 Minuten und endet am Schiffsanlegeplatz Seespitz am Achensee. Die Zillertalbahn verbindet Jenbach mit Mayrhofen im Zillertal. Die Fahrtzeit beträgt 50 Minuten.

Schwaz

Die alte Knappenstadt Schwaz liegt direkt an der Autobahn, ist zwar von einem Industriegürtel umgeben, aber wegen ihres historischen Zentrums, des Schlosses und vor allem wegen des bekannten **Schau-Silberbergwerks** einen Besuch wert.

km 123

➡ **Ausfahrt Schwaz**
1 km nach Osten bis Schwaz

Essen & Trinken

Brandstetterhof M
Nur 1 km von der Ausfahrt im Ort **Stans** steht der Brandstetterhof, ein Bauernhaus aus dem Jahr 1630, das heute ein traditionsreicher Gasthof mit 350 Jahre alter Gaststube, Tiroler Küche, Weinkeller und eigener Schnapsbrennerei ist. Stilgerechte Fremdenzimmer im Haus.
Tel. 0 52 42/6 35 82; Do–Di 11.30–14, 18–21 Uhr ★★ DINERS EURO VISA

➡ **Brandstetterhof**
1 km nach Nordosten bis Stans

Gasthaus zum Hirschen M
Im Norden der Stadt, unweit des Schau-Silberbergwerks, liegt der alteingesessene Gasthof aus dem 18. Jh. Nostalgische Einrichtung, deftige Tiroler Kost und ein schattiger Garten kennzeichnen das Haus.
Husslstr. 39; Tel. 0 52 42/6 51 26; Do–Di 11–14, 18–22 Uhr ★★ AmEx DINERS EURO VISA

Sehenswertes

Schloss Freundsberg
Der wehrhafte Bau, der auf das 12. Jh. zurückgeht, überragt das Zentrum von Schwaz und gilt als Wahrzeichen des unteren Inntales. Schloss Freundsberg beherbergt ein Museum und eine Burgschenke.

Schau-Silberbergwerk
Das ehemals größte Silberbergwerk der Welt – angereichert mit historischen Figuren – kann heute besichtigt werden: Dauer der Führung 1,5 Std.
Alte Landstr. 3 a; Tel. 0 52 42/72 37 20; tgl. 8.30–17 Uhr (Sommer) bzw. 9.30–16 Uhr (Winter); Eintritt Erwachsene 15 €, bis 18 Jahre 11 €, bis 5 Jahre 3 €

Übernachten

Naturhotel Grafenast M
Bio- und Fitnesshotel am Hochpillberg oberhalb von Schwaz. Vielseitiges Freizeit- und Erholungsangebot vom Bergknappenschmaus bis zur Meditation. Eigenes Skimuseum.
Am Hochpillberg; Tel. 0 52 42/6 32 09, Fax 6 32 09 99; 27 Zimmer ★★★ (keine Kreditkarten)

Info

Tourismusverband Schwaz-Pill
Franz-Josef-Str. 26; A-6130 Schwaz; Tel. 0 52 42/63 24 00

Mit dem Bau von Schloss Freundsberg in Schwaz wurde im 12. Jahrhundert begonnen.

km 137

➡ **Ausfahrt Wattens**
1 km nach Süden bis Wattens

● Wattens

Wattens ist ein kleiner Industrieort, der vor allem von den unübersehbaren **Swarovski Werken** lebt und neuerdings durch die **Kristallwelten** auch touristisch bekannt geworden ist.

Essen & Trinken

Gasthof zum Schwan
Unweit der inzwischen weltberühmten Swarovski-Werke steht der typische Tiroler Gasthof, dessen Küche ganz auf einheimische Gerichte der gehobenen Art spezialisiert ist.
Swarovskistr. 2; Tel. 0 52 24/ 5 21 21; Mo–Fr 10–24 Uhr
★★ (keine Kreditkarten)

Sehenswertes

Swarovski Kristallwelten
Die fantasievolle Erlebniswelt der Swarovski-Werke entstand unter Federführung des bekannten Künstlers **André Heller** und bietet ein vielseitiges Repertoire an eigenwilligen und raffinierten Kreationen aus der Hand renommierter internationaler Gestalter. Liebhaber des Swarovski-Kristallschmucks können sich in einem speziellen Shop eindecken. Mittlerweile zählen die Kristallwelten zu den meistbesuchten Sehenswürdigkeiten in ganz Österreich. Vor allem aus Fernost kommen viele des funkelnden Swarovski-Schmucks wegen.
Kristallweltenstr. 1; Tel. 0 52 24/51 08 00; tgl. 9–18 Uhr; Eintritt 5,45 €, Kinder unter 12 Jahren frei

Info

Tourismusverband Wattens
Dr.-Felix-Bunzl-Str. 6; A-6112 Wattens; Tel. 0 52 24/5 29 04

Die Borromäuskirche von Volders erblickt man kurz vor Hall.

Hall in Tirol

Kurz nachdem man die markante Klosterkirche von Volders passiert hat, erreicht man die Stadt Hall, ehedem ein bedeutender Ort des Salzabbaus, heute eine lebendige Industriestadt.

km 144

➡ Ausfahrt Hall-Ost
1 km nach Norden bis Hall

Essen & Trinken

Gasthof Bretze M
Zahlreiche Bilder an den Wänden der beiden alten Stuben in diesem Wirtshaus aus dem 16. Jh. erzählen von der besonderen Geschichte des Gasthauses, in dem einst bedeutende Maler der Tiroler und Münchner Schule verkehrten. So waren die Maler Defregger und Egger-Lienz oft und gerne Gäste in der »Künstlerstube«, die im frühen 20. Jh. eingerichtet wurde. Auf der Speisekarte dominiert die Tiroler Küche.
Salzburgerstr. 5; Tel. 0 52 23/5 67 52; Do–Mo 17–24, Sa und So auch 9–14 Uhr; 3 Wochen im Juli und eine Woche im Herbst geschl. ★★ (keine Kreditkarten)

Übernachten

Landgasthof Bogner
Der Gasthof mit 270 Jahre langer Tradition und modernem Hotelbetrieb serviert seinen Gästen Tiroler Küche mit Produkten aus der eigenen Landwirtschaft. Das Vier-Sterne-Hotel sorgt mit Whirlpool und Massage auch für Wellness.
Absam; Walburga-Schindl-Str. 21; Tel. 0 52 23/5 79 87, Fax 57 98 77; 32 Zimmer
★★★ DINERS EURO VISA

➡ Landgasthof Bogner
2 km nach Norden bis Absam

Info

Tourismusverband Hall-Thaur
A-6060 Hall in Tirol; Tel. 0 52 23/5 62 69, Fax 5 62 69-20

Hall in Tirol bietet dem Betrachter an vielen Stellen ein malerisches Stadtbild.

Routendaten

Länge
43 Kilometer

Ausfahrten
- Innsbruck-Ost
- Patsch-Igls
- Stubaital
- Matrei/Steinach
- Brennersee
- Sterzing

Von Innsbruck bis Sterzing

• Innsbruck • Lans • Patsch • Ellbögen • Schönberg • Matrei • Trins • Gossensaß

Der Aufstieg von Innsbruck zum **Brenner** und die Abfahrt ins **Eisacktal** bis nach Sterzing verlockt nur wenige Reisende zu einer freiwilligen Pause. Doch gerade weil Staus vor allem an den Wochenenden zum Alltag gehören, würde sich ein Abstecher in die Tiroler Hauptstadt Innsbruck oder eines der Dörfer im **Wipptal** anbieten. Allerdings ist die Fahrt auf der Brenner-Bundesstraße zwischen Innsbruck und Schönberg recht kurvenreich und daher ziemlich zeitaufwendig. Das gilt auch für die Variante auf der Ostseite des Wipptales über Patsch und Ellbögen.

Ausfahrt Innsbruck-Ost
→ S. 61

S. 41

Ausfahrt Innsbruck-Ost
→ S. 58

Ausfahrt Innsbruck-Ost
→ S. 63

Ausweichstrecken

Die Brenner-Bundesstraße führt parallel zur Autobahn das Wipptal hinauf bis zur Passhöhe und streift dabei etliche Abfahrten. Man spart zwar die **Maut** von rund 10 €, doch dauert die Fahrt erheblich länger. Vor allem der untere Teil zwischen Innsbruck und Stubai ist sehr kurvenreich. Und weiter oben lauert nicht selten die **Gendarmerie**, die mit ausländischen Fahrern alles andere als gnädig umgeht. Dazu sollte man wissen, dass die Gendarmen in Österreich nach wie vor die Geschwindigkeit der Autos schätzen dürfen, was den Umgang mit der Obrigkeit nicht gerade erleichtert. Also Vorsicht!

Von Patsch über Ellbögen gibt es einen kurvenreichen Schleichweg – die Trasse der antiken Straße – bis Matrei, der nur bei größeren Staus ratsam ist.

Ausfahrt Matrei/Steinach
→ S. 66

S. 70

Ausfahrt Patsch-Igls
→ S. 65

km 149

➡ **Ausfahrt Innsbruck-Ost**
2 km nach Nordwesten bis Innsbruck

● Innsbruck

Stadtplan → S. 59

Über eine breite Stadtautobahn kommt man relativ schnell ins Zentrum der Tiroler Metropole, die malerisch zu Füßen der mächtigen Nordkette liegt. Der starke Verkehr in der Innenstadt legt einen Besuch im Parkhaus nahe. Die Politessen in Innsbruck sind zudem tüchtig. Strafzettel werden üblicherweise ins Ausland nachgesandt. Im Zentrum, das man von der Ausfahrt Innsbruck-Ost über eine vierspurige Zubringerstraße erreicht, gibt es zahlreiche Parkhäuser. Einen Bummel durch die **Altstadt** mit dem unvermeidlichen **Goldenen Dachl** kann man mit einer Einkehr in einem alten Gasthof gut verbinden. Wer allerdings nur einen Wirtshausbesuch plant, verliert weniger Zeit, wenn er im autobahnnahen Ortsteil Amras einkehrt oder in den Orten auf der Südseite oberhalb von Innsbruck, wie zum Beispiel in Lans, Station macht.

Der 56 Meter hohe Stadtturm dominiert das historische Zentrum der Hauptstadt Tirols, die außerdem mit ihren prachtvollen Fassaden und dem Goldenen Dachl (→ S. 60) begeistert. Im Hintergrund sind die Berggipfel der Nordkette zu sehen.

Essen & Trinken

Café Sacher ■ b 1
Der Ableger des berühmten Wiener Luxushotels ist ein elegantes Kaffeehaus mit Restaurant. Klassische österreichische Küche, elegantes Interieur mit Gastgarten in der Hofburg. Die original Sachertorte ist natürlich auch hier eine Sünde wert.
Rennweg 1; Tel. 05 12/ 56 56 26; tgl. 8.30–24 Uhr
★★★ AmEx DINERS EURO VISA

→ Karte S. 56

Hotel Restaurant Kapeller östlich ■ c 4
Im Ortsteil Amras, in direkter Nähe zur Autobahnausfahrt gelegenes Haus der gehobenen Klasse mit bekannt guter Küche. Komfortable Zimmer, zahlreiche Parkplätze direkt vor dem Haus.
Philippine-Welser-Str. 96; Tel. 05 12/34 31 01; Mo 17.45–22, Di–Sa 11.30–14, 17.45–22 Uhr, Restaurant So und an Feiertagen geschl. ★★★ AmEx DINERS EURO VISA

Romantikhotel Restaurant Schwarzer Adler M ■ c 1
Das alteingesessene Haus in der Kaiserjägerstraße beim Hofgarten ist zum Essen wie zum Logis eine gute Adresse. Mit schöner Dachterrasse.
Kaiserjägerstr. 2; Tel. 05 12/58 71 09; Mo–Sa 12–14, 18–22.30 Uhr, Restaurant So und an Feiertagen geschl.
★★★ AmEx DINERS EURO VISA

Sehenswertes

Alpenzoo nördlich ■ a 1
Der Zoo liegt am Fuße der Nordkette nahe der Mittelstation der Hungerburgbahn (beim Kauf der Eintrittskarte an der Talstation ist die Fahrt gratis). Themenzoo mit über 2000 Tieren und einem einzigartigen Kaltwasser-Aquarium.
Weiherburggasse 37a; 9–18 Uhr, im Winter bis 17 Uhr; Eintritt 5,80 €, Kinder 2,90 €

Casino Innsbruck ■ b 3
Wer glaubt, noch schnell die Urlaubskasse auffüllen zu können, kann sich im Casino nahe dem Hauptbahnhof versuchen.
Salurnerstr. 15; Tel. 05 12/58 70 40; 15–3 Uhr (Jackpotcorner 12–24 Uhr)

Goldenes Dachl ■ b 1
Vor 500 Jahren ließ Maximilian I. das heutige Wahrzeichen der Stadt aus vergoldeten Kupfer-

Die Porträts der kaiserlichen Familie sind in der Innsbrucker Hofburg zu bewundern, der einstigen Residenz Maria Theresias.

platten fertigen. Mehr über den Kaiser erfährt man im Museum Maximilianeum im selben Gebäude.
Herzog-Friedrich-Str. 15

Hofburg ■ b 1
Vom weltberühmten Goldenen Dachl sind es nur wenige Meter zur Hofburg. Das monumentale Bauwerk entstand 1760 auf Geheiß der Kaiserin Maria Theresia. Besonders sehenswert ist der Riesensaal mit aufwendigen Deckengemälden von Franz Anton Maulpertsch.
Hofgasse

Hofkirche ■ b 1
Mitte des 16. Jh. wurde die Hofkirche unter Ferdinand I. erbaut. Berühmt ist das Grabmal Maximilians I. mit seinen 28 Bronzefiguren. Es ist das imposanteste deutsche Kaisergrab.
Am Burggraben

Hungerburgbahn/ Nordkettenbahn
nördlich ■ b 1
Man fährt zuerst mit der Zahnradbahn bis zur Hungerburg (Ausgangspunkt für schöne Wanderungen), dann mit der Seilbahn bis auf die Seegrube auf 1905 m, wo man mit einer grandiosen Aussicht belohnt wird. Talstation am Nordrand der Stadt am Innufer.
Betriebszeiten ca. 9–17 Uhr; Fahrpreis 17,70 €, Kinder 8,85 €

Schloss Ambras
östlich ■ c 2
Das herrliche Renaissanceschloss der Habsburger mit der berühmten Kunstsammlung ist südlich der Autobahn über die Igler Schlossstraße erreichbar – oder vom Zentrum aus bequem mit der Straßenbahn Nr. 6. 3
April–Ende Okt. tgl. 10–17 Uhr

In Schloss Ambras kann man sich nach allem Kunstgenuss in gediegener Atmosphäre entspannen.

→ Karte S. 56 A 12

Shopping

Ludwig Lorenz MM c 2
Ein Kuriosum stellt ohne Zweifel das Geschäft des alteingesessene Pfeifenhersteller Ludwig Lorenz dar. Etwas abseits des Zentrums werden in der dritten Generation handgemachte Pfeifen aus Bruyère-Holz in verschiedensten Varianten gefertigt. Die Preise beginnen bei etwa 25 €
Meinhardstr. 13

Speckschwemme b 1
Direkt neben dem Spezialitätenladen in der Stiftgasse liegt die winzige Speckschwemme, deren Düfte unverkennbar sind und wo man Geräuchertes, Würste und Speck dicht aneinander gereiht hängen sieht. Wer gerne kulinarische Souvenirs mit nach Hause nimmt, ist hier im Paradies!.
Stiftgasse 4

Spezialitäten aus der Stiftgasse MM b 1
Im Feinkostladen von Herbert Signor in der Stiftgasse nahe der Hofburg findet man eine große Auswahl an Schnäpsen und Likören sowie Weine und Öle. Reizvoll ist der Besuch wegen der ausgefallenen Sorten und dem besonders aufmerksamen Service des Inhabers.
Stiftgasse 2

Swarovski Haus b 1
Den bekannten Kristallschmuck von Swarovski in einem großen Sortiment gibt es in dem modernen Geschäft in der Fußgängerzone.
Herzog-Friedrich-Str. 39

Übernachten

Hotel Europa Tyrol c 3
Traditionsreiches Luxushotel im klassischen Stil direkt am Südtiroler Platz beim Hauptbahnhof. Großzügige Suiten, Garage im Haus.
Südtiroler Platz 2; Tel. 05 12/ 59 31; 122 Zimmer ★★★★
AmEx DINERS EURO VISA

Info

Innsbruck Tourismus b 2
Burggraben 3; A-6021 Innsbruck; Tel. 05 12/5 35 60, Fax 53 56-14; Internet: www.tiscover.com/innsbruck

Oberhalb von Innsbruck findet man eine Reihe erstklassiger Wirtshäuser. Der Isserwirt in Lans ist eines davon.

Lans

km 149

➡ Ausfahrt Innsbruck-Ost
5 km nach Süden bis Lans

Man fährt vom Autobahnzubringer über die Aldranser Straße Richtung Süden vorbei am Schloss Ambras und kommt über Aldrans schließlich nach Lans. In dem idyllischen Ort oberhalb von Innsbruck lebte früher der Dichter **Georg Trakl**. Heute findet man hier vor allem ein bemerkenswertes gastronomisches Angebot.

Essen & Trinken

Isserwirt M
Die Ursprünge des typischen Tiroler Wirtshauses gehen auf das 14. Jh. zurück. Heute ist es ein angesehenes Haus mit Tiroler Küche, stilvollen Stuben und einem großen Gastgarten. Probieren Sie doch mal die regionalen Klassiker wie Bauerngerstlsuppe, Schlutzkrapfen oder Kirchtagskrapfen! Zum Haus gehören auch zahlreiche Fremdenzimmer. Parkplätze findet man im Hof.
Dorfstr. 9; Tel. 05 12/37 72 61, Fax 37 72 61 29; Di–So 11.30–14, 18–21.30 Uhr ★★★ AmEx DINERS EURO VISA

Landgasthaus Wilder Mann M
Fein herausgeputzter Tiroler Gasthof mit gemütlichen kleinen Stuben und einer verfeinerten lokalen Küche. Produkte aus der eigenen Landwirtschaft, aufmerksamer Service und gediegenes Ambiente. Gegenüber dem Gasthof gibt es ein neu gebautes Haus mit komfortablen Fremdenzimmern.
Römerstr. 12; Tel. 05 12/ 37 96 96, Fax 37 91 39, tgl. 11–24 Uhr ★★★ AmEx DINERS EURO VISA

Info

→ Innsbruck S. 62

Gut essen und übernachten kann man auch beim Wilden Mann in Lans.

→ Karte S. 56 A 13

km 156

➡ **Ausfahrt Patsch/Igls**
1 km nach Südosten bis Patsch

Patsch

Von der Autobahnausfahrt ist es nur ein kurzes Stück zu dem auf 1000 m Höhe gelegenen Ort am Fuße des Patscherkofels. Der Innsbrucker Hausberg ist eine berühmte Ski- und Bergwanderregion, die als olympische Stätte zu Weltruf gelangte. Zum Gipfel auf rund 2000 m Höhe führt eine Seilbahn.

Vor allem Deftiges wird im Restaurant des Grünwalderhofs serviert.

Übernachten

Hotel Grünwalderhof M
Das ehemalige Jagdschloss der Grafen Thurn und Taxis ist heute ein gediegenes Landhotel mit Tiroler Küche. Die schöne Terrasse bietet einen herrlichen Blick auf das Wipptal. Das Hotel verfügt über ein eigenes Schwimmbad. Montag Ruhetag im Restaurant.
Römerstr. 1; Tel. 05 12/37 73 04, Fax 37 80 78; 19 Zimmer
★★★ AmEx DINERS EURO VISA

---

km 156

➡ **Ausfahrt Patsch/Igls**
5 km nach Süden bis Ellbögen

Ellbögen

Der Ort liegt südlich von Patsch an der Ostseite des Wipptales. Man kann auf dieser Straße weiter bis Matrei fahren – eine etwas kurvenreiche Alternative.

Essen & Trinken

Gasthof Neuwirt
Tiroler Wirtshaus mit Kinderspielplatz. Eigener Bauernhof mit Rinderzucht. Tiroler Küche, 14 Fremdenzimmer.
A-6082 Ellbögen; Tel. 05 12/37 71 75; tgl. 10–23 Uhr, im Winter Di geschl. ★★
(keine Kreditkarten)

---

km 159

➡ **Ausfahrt Stubaital**
1 km nach Westen bis Schönberg

Schönberg

Der Ort am Eingang des Stubaitals wird von der Brennerautobahn quasi eingekreist. Bei Staus auf der Autobahn kann man in Schönberg auf die Bundesstraße wechseln.

Essen & Trinken

Gasthof Handl M
Mitten im Ort steht der Traditions-Gasthof, der das Umweltgütesiegel trägt. Wem die bäuerlich orientierte Küche allzu gut geschmeckt hat, kann sich in einem von 20 Fremdenzimmern zur Ruhe betten.
Handelweg 1; Tel. 0 52 25/6 25 74; Do–Mo 8–24, Di/Mi 16–24 Uhr ★★ EURO VISA

Gleinserhof
Gemütlicher Alpengasthof, typische Tiroler Küche.
Gleins; Tel. 0 52 25/6 21 00; Mo geschl. ★★

Info

Tourismusverband Schönberg
A-6141 Schönberg
Tel. 0 52 25/6 25 67
Fax 6 44 50

Matrei

Direkt unterhalb der Autobahn liegt der Ort Matrei mit seinem schönen historischen Zentrum – aber auch viel Durchgangsverkehr.

km 168

➡ **Ausfahrt Matrei/Steinach**
1 km nach Nordosten bis Matrei

Essen & Trinken

Gasthof Lamm
Direkt an der Brennerstraße in Matrei steht der alteingesessene Familienbetrieb. Das rustikale Interieur passt zur traditionellen Tiroler Küche; einige Fremdenzimmer warten auf müde Gäste.
Brennerstr. 36; Tel. 0 52 73/62 21; Di–So 9–24 Uhr ★★
AmEx DINERS EURO VISA

Info

Tourismusverband Wipptal
Matrei 104; A-6143 Matrei;
Tel. 0 52 73/62 78, Fax 71 26
Internet: www.wippregio.at

Im Grünwalderhof in Patsch, wo früher die Fürsten von Thurn und Taxis tafelten, kann man heute auch als ganz bürgerlicher Hotelgast logieren.

→ Karte S. 56/57 A 13

Trins

Kleines, etwas abseits gelegenes Dorf am Eingang des Gschnitztals, einem Seitental des Wipptals.

km 168

➡ **Ausfahrt Matrei/Steinach**
5 km nach Südwesten bis Trins

Übernachten

Hotel Trinserhof M
Am Eingang des Gschnitztals in Trins steht das Hotel, das mit ausgesuchten Antiquitäten eingerichtet ist. In der Küche dominiert Tiroler Tradition. Im Keller lagern ausgesuchte Weinraritäten. Zum Haus gehört ein Schwimmbad. Wechselnde Ruhetage.
Trins 106; Tel. 0 52 75/52 12, Fax 52 12-30; 23 Zimmer ★★
EURO VISA

Info

→ Matrei S. 65

Gossensaß

km 181

➡ **Ausfahrt Brennersee**
5 km nach Süden bis Gossensaß

Eine Sehenswürdigkeit im klassischen Sinn ist die Siedlung **Brénnero** auf der Passhöhe mit ihren zahlreichen Geschäften und Lokalen kaum. Nach 5 km auf der Bundesstraße und einigen Serpentinen erreicht man Gossensaß. Der kleine Ort am Eingang des Pflerschtales ist auf den ersten Blick wenig reizvoll. Jedoch hat der Ort vor allem wegen seiner besonderen Lage geschichtliche Besonderheiten. Unter anderem verbrachte der Dichter Henrik Ibsen hier des Öfteren seine Ferien. Zwischen Frühling und Herbst ist die abwechslungsreiche Berglandschaft das Ziel vieler Wanderer. Vom Brenner kann man auf die gut ausgebaute Straße über Gossensaß bis Sterzing wechseln.

Essen & Trinken

Gasthof Moarwirt
Unübersehbar im Zentrum des Ortes steht dieser traditionelle Südtiroler Gasthof mit seiner auffälligen Freskofassade. Eine Spezialität sind die Forellen.
Romstr. 11; Tel. 04 72 63 23 24, Mi–Mo 9–14.30, 16.30–1 Uhr
★★ AmEx DINERS EURO VISA

Sehenswertes

St.-Barbara-Kapelle
Die alte Knappenkapelle wurde 1510 von Bergleuten gestiftet und erinnert an die Zeit des Bergbaus, die dem Ort einigen Wohlstand brachte. Besonders sehenswert ist der spätgotische Flügelaltar.

Bild S. 66: Sich auf diese Weise die Beine zu vertreten setzt allerdings voraus, die richtige Ausrüstung griffbereit zu haben.

Südlich vom Brenner lockt mediterranes Lebensgefühl abseits der Autobahn. Immer wieder ein Genuss: der erste »echt italienische« Espresso!

Das reiche kulturelle Erbe Veronas – an der Schnittstelle zwischen dem nördlichen und dem südlichen Europa entstanden – macht die Stadt zu einem der interessantesten Orte Italiens (→ S. 110).

Routendaten

Länge
61 Kilometer

Ausfahrten
- Vipiteno
- Bressanone
- Chiusa-Val Gardena

Von Sterzing bis Bozen

• Sterzing • Mauls • Brixen • Klausen • Gufidaun • Barbian

Endlich im Süden! Die **Autostrada del Brénnero** empfängt die sonnensüchtigen Gäste aus dem Norden (fast immer) mit Schönwetter. Auf der 61 km langen Strecke von Sterzing bis Bozen wechseln sich lange, offene Passagen mit ziemlich kurvigen Strecken ab. In Acht nehmen sollte man sich nicht nur vor den zahlreichen Tunnels, sondern auch vor der **Polizia Stradale.** Denn in jüngster Zeit wird das Tempolimit von 110 km/h fleißig kontrolliert. Die Exekutive steht auch gerne an Baustellen, und die Strafen sind gesalzen. Zudem können diese demnächst auch in Deutschland eingezogen werden – Europa wächst zusammen, auch bei den Verkehrsdelikten. Wer's lieber gemütlich mag, dem sei auch ein Abstecher in einige Orte neben der Autostrada

Ausfahrt Vipiteno → S. 75

S. 57

Ausfahrt Vipiteno → S. 72

Ausfahrt Vipiteno → S. 74

ans Herz gelegt. **Sterzing, Brixen** und **Klausen** locken mit reizvollen historischen Zentren, eleganten Geschäften und renommierten Gasthöfen. Ein Hauch von Bella Italia an den Ufern der Eisack.

Ausweichstrecken

Man kann ab Sterzing auf die Brenner-Bundesstraße ausweichen, die praktisch parallel zur Autobahn in Richtung Süden verläuft. Das Fahren auf ihr ist relativ problemlos, sieht man von der Ortsdurchfahrt in **Brixen** ab. Landschaftlich reizvoll ist die Tour allenfalls im nördlichen Teil. Kurz vor **Bozen** wird die Fahrt kurvenreich und mühsam. Fazit: höherer Zeitaufwand, wenig Reiz. Theoretisch könnte man auch auf dem Weg nach Bozen die Straße über das 2214 m hohe **Penser Joch** ins ruhige **Sarntal** nehmen – eine Strecke für echte Naturliebhaber. Aber empfehlenswert ist der Abstecher auch nur, wenn die Strecke wirklich schneefrei ist.

➡ Ausfahrt Bressanone
→ S. 76

S. 82

➡ Ausfahrt Chiusa-Val Gardena
→ S. 81

 → Karte S. 70

km 196

➡ **Ausfahrt Vipiteno**
0,5 km nach Norden bis Sterzing

● Sterzing

Das mittelalterliche Fuggerstädtchen mit seiner lang gezogenen Fußgängerzone rund um den **Zwölferturm,** dem Wahrzeichen des Ortes, lädt zum Flanieren ein. Malerische Häuser mit prachtvollen Erkern und Türmen bilden eine beeindruckende Kulisse. Man biegt in der Ortsdurchfahrt an der einzigen Ampel nach links ab und kommt bald zu einem großen Parkplatz direkt am historischen Zentrum der Stadt.

Essen & Trinken

Gasthof Post
Typischer Südtiroler Gasthof im Zentrum von Sterzing. Große, einladende Terrasse vor dem Lokal, bodenständige Küche.
Neustadt 14; Tel. 04 72 76 66 64; tgl. ab 11, So ab 16 Uhr
★★

Der Gasthof Post ist ein alteingesessenes Wirtshaus in der Fußgängerzone von Sterzing.

Schwer zu finden, aber die Mühe wert: das kleine Restaurant im Pretzhof mit seiner bemerkenswerten Küche.

Kleine Flamme
Ein kleines, elegantes Restaurant in einem neu gebauten Innenhof mit einigen Tischen zum Draußensitzen. Italienische und internationale Küche im Zentrum von Sterzing. Man kann und sollte die Einkehr bei der Kleinen Flamme auch mit einem Spaziergang durch die sehenswerte Fußgängerzone von Sterzing verbinden.
Neustadt 31; Tel. 04 72 76 60 65; So abend und Mo geschl.
★★★ VISA

Pretzhof MMM
Etwas abseits liegt dieses Lokal, aber der Weg ins Pfitscher Tal lohnt sich,
4 denn der Pretzhof ist ein kulinarischer Geheimtipp. Man folgt in Sterzing auf der Hauptstraße der Beschilderung ins Pfitscher Tal, biegt kurz nach der Ortschaft Wiesen rechts ab und folgt der Straße bergauf bis vor das Gasthaus: ein gemütlich eingerichtetes Restaurant in einem alten Bauernhof, wo nur Produkte aus der eigenen Landwirtschaft und Zutaten aus der Region in die Töpfe und Pfannen wandern. Unbedingt reservieren, denn (nicht nur) bei den Einheimischen ist der Pretzhof längst eine beliebte Adresse!
Tulfer 259; Pfitsch; Tel. 04 72 76 40 83; Mo und Di geschl.
★★ AmEx VISA

Die erkergeschmückten Häuserfassaden im historischen Zentrum Sterzings sind eine Attraktion.

Sehenswertes

Burg Reifenstein
Die imposante Burg aus dem 12. Jh. steht nur wenige hundert Meter südlich der Ausfahrt neben der Autobahn (erreichbar über die Straße direkt an der Autobahn). Ritterliches Interieur und Kunstwerke aus dem Mittelalter können besichtigt werden. Darunter sind gotische Stuben mit kunstvollen Schnitzarbeiten, historische Türen und Wappen sowie Teppiche und Rüstungen. Zur Burg gehört auch die St.-Zeno-Kapelle.
Ostern–Allerheiligen Di–So Führungen um 9.30, 10.30, 14 und 15 Uhr, 15. Juli–Mitte Sept. zusätzlich um 16 Uhr; Eintritt 3 €

➡ **Pretzhof**
Von Sterzing ins Pfitscher Tal bis kurz nach Wiesen, dann nach 1,5 km rechts ab den Berg hinauf

→ Karte S. 70

Shopping

Milchhof Sterzing
In dem Laden kann man Käse aus der Region kaufen. Die **Metzgerei Frick** gleich nebenan (Neustadt 22) hat ein großes Angebot an Wurst und Schinken.
Neustadt 18a

Übernachten

Hotel Lamm
Komfortables Hotel inmitten der Fußgängerzone Sterzings. Sauna, Dampfsauna, Whirlpool, Solarium.
56 Zimmer; Neustadt 16;
Tel. 04 72 76 51 27,
Fax 04 72 76 68 60 ★★★
AmEx DINERS EURO VISA

Hotel Schwarzer Adler M
Bekanntes Vier-Sterne-Hotel im historischen Schulerhof am Stadtplatz. Sehr gute Südtiroler Küche (Di Ruhetag).
Stadtplatz 1; Tel. 04 72 76 40 64, Fax 04 72 76 65 22; 33 Zimmer ★★★ EURO VISA

Motel Topstop
Direkt an der Autobahn bei der Mautstelle von Sterzing gelegener Autohof mit Restaurant und Pizzeria. Einfach eingerichtete Zimmer, eigene Parkplätze für Camper.
I-39049 Sterzing; Tel. 04 72 72 17 91, Fax 04 72 76 77 12; 5 Zimmer ★★

Eine Ritterburg direkt neben der Autobahn: Reifenstein bei Sterzing (→ S. 73).

Mauls

Schon kurz hinter Sterzing folgt Mauls. Das Dorfzentrum liegt zum Glück für die Bewohner etwas oberhalb der Brenner-Bundesstraße.

km 196

➡ **Ausfahrt Vipiteno**
9 km nach Osten bis Mauls

Sehenswertes

St.-Oswald-Kirche
Die Dorfkirche von Mauls ist ein Bau aus dem späten Rokoko und ist im Zentrum des Ortes etwas oberhalb der Straße zu finden. Kunsthistorisch wurde Mauls auch wegen bedeutender Funde aus der Römerzeit bekannt.

Übernachten

Romantik Hotel Stafler M
Die ehemalige Poststation in Mauls, direkt an der Bundesstraße von Sterzing nach Brixen, beherbergt heute ein stilvolles und ebenso populäres Vier-Sterne-Hotel. Gediegen-rustikales Interieur und komfortable Zimmer. Restaurant mit guter Südtiroler Küche. Zum Haus gehören auch Schwimmbad, Sauna und Tennisplatz. Im Restaurant Mi Ruhetag (Nov. bis Juli).
Mauls 10; Tel. 04 72 77 11 36, Fax 04 72 77 10 94; 36 Zimmer
★★★

Info

Tourismusverband Eisacktal
Großer Graben 28a; I-39042 Brixen; Tel. 04 72 80 22 32, Fax 04 72 80 13 15; Internet: www.eisacktal.com

Ein Hotel mit bekannt guter Südtiroler Küche ist das Stafler in Mauls.

km 218

➡ **Ausfahrt Bressanone**
3 km nach Süden bis Brixen

• Brixen

Auf den ersten Blick präsentiert sich die alte Bischofsstadt als freudloses Gewerbegebiet. Im Zentrum rund um den **Brixner Dom** jedoch zeigt sich der Ort mit seinen Lauben und verwinkelten Gassen von einer nostalgisch-gemütlichen Seite. Die Bundesstraße, die man von der Autobahnausfahrt kommend befährt, streift den Ort nur am Rande und ist tagsüber stark frequentiert. Für den Weg ins Zentrum muss man eine der Verbindungsstraßen wählen, die links abzweigen. Am besten sucht man außerhalb einen Parkplatz, denn in Brixen ist dies zu Geschäftszeiten eher schwierig. Für die Weiterfahrt nimmt man die Bundesstraße in Richtung Bozen und bleibt auf jener bis zur Auffahrt Klausen. 5

Essen & Trinken

Finsterwirt MM
Das Künstlerstübele beim Dom gleich um die Ecke ist das bekannteste und eines der ältesten Restaurants im Ort. Historisch reizvolles Ambiente, schöner Gastgarten.
Domgasse 3; Tel. 04 72 83 53 43; Di–Sa 12–14, 19–21.15, So 10–15 Uhr ★★★ VISA

Shopping

Franzelli M
Ein Appetit anregendes Angebot an italienischer Feinkost findet sich in dem Geschäft gegenüber dem Sonnentor am westlichen Rand der Altstadt. Käse, Schinken und Wurst, Weine und Grappe sind von exzellenter Qualität und reichhaltiger Auswahl.
Bahnhofstr. 4

Beim Finsterwirt im Herzen der historischen Altstadt von Brixen findet man einen idyllischen Gastgarten.

Käseladen Bonon M
»Stinkgasse« nennen die Einheimischen scherzhaft den Teil der Domgasse, in dem sich der beliebte Käseladen befindet. Beliebt ist dieser trotz der besonderen Düfte, und zwar vor allem wegen seines ausgezeichneten Sortiments und seines freundlichen Services.
Domgasse 4

Önothek Vinus/Vinissimo
In den Önotheken Vinus (Altenmarktgasse 6) und Vinissimo (Adlerbrückengasse 9) gibt es eine große Auswahl Südtiroler und italienischer Weine und kleine Speisen.

Sehenswertes

Diözesan- und Krippenmuseum
Ehemalige fürstbischöfliche und kaiserliche Residenz in der Altstadt von Brixen mit einer bedeutenden sakralen Sammlung.
Di–So 10–17 Uhr

Domkirche Mariä Himmelfahrt
Die beiden Türme des barocken Gotteshauses, entstanden um die Mitte des 18. Jh., sind das Wahrzeichen der Stadt. Zur rechten Hand des klassizistischen Vorraumes der Kirche verbirgt sich einer der beeindruckendsten Kunstschätze Brixens: der Kreuzgang, ein romanisches Bauwerk aus dem 14. Jh., dessen Gewölbe mit gotischen Wandmalereien in unglaublicher Bildervielfalt zum Staunen einladen.
Tgl. 9–12 und 15–18 Uhr

Übernachten

Hotel Elephant M
Anfang des Jahres 1551 logierte Erzherzog Maximilian von Österreich samt Tross und indischem Elefanten in der damaligen Taverne und ließ das Tier zurück. Daher der ungewöhnliche Name des ersten Hauses am Ort, einem

Riecht stark, schmeckt gut – abwechslungsreiche Vielfalt in der Vitrine des Käseladens Bonon.

Südtiroler Wohnkultur: Bis in den Herbst hinein schmücken Geranien die prachtvollen alten Häuser.

Das Kloster Neustift bei Brixen ist für Kunstinteressierte ebenso wie für Weinliebhaber eine erstklassige Adresse.

Historisches Weingut für Genießer: der Pacherhof.

Kloster Neustift
Auf dem Weg von der Autobahn nach Brixen am nördlichen Stadtrand links ab (beschildert), man erreicht dann direkt das Kloster

gediegenen Luxushotel im Zentrum der Stadt. Es gehört zu den ganz großen Legenden Südtiroler Gastlichkeit. Selbstverständlich ist auch das Restaurant Spitzenklasse.
Weißlahnstr. 4; Tel. 04 72 83 27 50; 44 Zimmer ★★★
AmEx DINERS EURO VISA

Pacherhof M
Dies ist ein altes Weingut im Ortsteil Vahrn – nicht zu verwechseln mit dem gleichnamigen Hotel. Man fährt von der Straße, die von Brixen ins Pustertal führt, rechts den Weinberg hinauf. Charmant altmodischer Familienbetrieb mit Fremdenzimmern. Restaurant mit bodenständiger Südtiroler Küche. Nur zur Sommersaison und über Weihnachten geöffnet.
Tel. 04 72 83 57 17; 12 Zimmer ★★ (keine Kreditkarten)

Info

Tourismusverband Eisacktal
Großer Graben 28a; I-39042 Brixen; Tel. 04 72 80 22 32, Fax 04 72 80 13 15; Internet: www.eisacktal.com

! MERIAN-Tipp

Kloster Neustift Ein Kloster als Freizeittipp? Das Augustiner Chorherrenstift ist natürlich kunsthistorisch sehenswert: mit der barocken Stiftskirche, dem Bibliothekssaal und zahlreichen Werken von Michael und Friedrich Pacher. Aber es ist auch eines der renommiertesten Weingüter in ganz Südtirol. In der Stiftskellerei kann man sich nicht nur mit Sylvaner, Müller-Thurgau und Kerner eindecken, sondern auch in der Schenke den einen oder anderen Tropfen goutieren.

Klausen

Unübersehbar thront das **Kloster Säben** über dem **Eisacktal**. In der »Akropolis von Südtirol« leben seit 300 Jahren Benediktinerinnen. Die Kirchen können besichtigt werden. Darunter versteckt sich in der Enge des Taleinschnitts das Künstlerstädtchen Klausen. Ursprünglich und von rustikalem Charme ist der Ortskern – eine verkannte Schönheit.

km 233

➡ **Ausfahrt Chiusa-Val Gardena**
1 km nach Süden bis Klausen

Essen & Trinken

Gasthof Walther von der Vogelweide
Urwüchsiges Gasthaus in einem historischen Haus aus dem 14. Jh.
Oberstadt 66; Tel. 04 72 84 73 69; Di–So 8–24 Uhr ★★
AmEx EURO VISA

Sehenswertes

Erlebnisbad Klausen
Freizeitspaß für Jung und Alt bietet das neue Spaßbad am Ortsrand von Klausen. Mit Schwimmbad, Whirlpool, Sauna, Dampfbad und Fitnessangeboten.
Ende Mai–Anfang Sept. tgl. 9–19 Uhr; Eintritt 6 €, Kinder und Senioren 2,50 €

Kapuzinerkloster (Stadtmuseum Klausen)
Kunsthistorisch interessant ist das kleine Klausen ohnehin. Deshalb sollte man einen Besuch des Stadtmuseums im Kapuzinerkloster am südlichen Ortsrand nicht versäumen. Dort kann man den Loretoschatz mit wertvollen Gemälden, Monstranzen, einem Feldaltar und chinesischem Porzellan aus der Ming-Dynastie besichtigen.
April–Sept. Di–Sa 10–12, 16–19 Uhr, Sept.–Nov. 9.30–12, 15.30–18 Uhr, So, Mo und Feiertage geschl.; Eintritt ca. 4 €

Kloster Säben
Die »Akropolis von Tirol« wurde der mächtige Gebäudekomplex einmal genannt. Bis auf das 6. Jh. geht die Geschichte des Klosters zurück. Da es noch immer von den Benediktinerinnen bewirtschaftet wird, ist es für

Ein Spaziergang durch die verwinkelten Gassen des historischen Zentrums von Klausen ist ein Erlebnis.

→ Karte S. 71

Besucher nicht zugänglich. Dafür sind die Pforten der **Heilig-Kreuz-Kirche** offen, deren Besichtigung man wegen der beeindruckenden Wandmalereien keinesfalls versäumen sollte. Der in verblüffend realistischer Perspektive ausgemalte Chor zeigt zwischen gemalten Säulenhallen biblische Szenen. Vom Klosterfelsen aus eröffnet sich ein fantastischer Blick auf das Eisacktal und die gegenüber liegenden Mittelgebirgsterrassen.

---

km 233

➡ **Ausfahrt Chiusa-Val Gardena**
3 km nach Osten bis Gufidaun

Gufidaun

Versteckt am Berg liegt das reizvolle Dorf mit Burg und alten Bauernhäusern. Gufidaun ist das beste Beispiel dafür, dass man nur wenige Meter von der Autobahn absolut idyllische Orte finden kann, die vom Tourismus kaum erschlossen sind.

Essen & Trinken

Gasthof Unterwirt M
Ein uriger Gasthof mit über 400 Jahre alter Stube und renommierter Südtiroler Küche. Im Nebengebäude einige Fremdenzimmer.
Gufidaun 45; Tel. 04 72 84 40 00; Do–Mo 8–15, 18–24 Uhr
★★ VISA

Turmwirt M
Ferdinand ist berühmt für die besten Spaghetti weit und breit. Tipp: Pasta Principe und hausgemachte Spezialitäten wie Kürbisravioli und Kastaniensuppe. Holzgetäfelte Stuben mit Kachelofen.
39043 Gufidaun; Tel. 04 72/ 84 40 01 ★★

Das Kloster Säben wird seit 1681 von Benediktinerinnen geführt. Die Wehranlagen stammen aus früherer Zeit.

Barbian

Von Klausen fährt man auf der Bundesstraße in Richtung Bozen und biegt bei Waidbruch rechts ab. Das kleine Dorf Barbian liegt etwas oberhalb des Eisacktals.

km 233

➡ **Ausfahrt Chiusa-Val Gardena**
10 km nach Süden bis Barbian

Essen & Trinken

Gasthaus Messnerhof M
Uriges Gasthaus in Bad Dreikirchen (s. u.) mit Südtiroler Küche und Fremdenzimmern.
Tel. 04 71 65 00 59; Ostern–Nov. geöffnet ★

Sehenswertes

Bad Dreikirchen
Ein kleines Paradies auf 1120 m Höhe: Von Barbian aus geht es zu Fuß (40 Min.) oder mit einem Geländewagen-Taxi zu dem alten Bauernbad mit seinen drei Kirchen oberhalb von Barbian. Oben genießt man den nostalgischen Charme des 400 Jahre alten **Gasthofs** M mit Schwimmbad, wo schon der Maler Franz von Defregger und Christian Morgenstern weilten.
Tel. 04 71 65 00 55; geöffnet von Mai bis Okt. EURO VISA

Übernachten

Pension Briol MM
Vom Maler und Architekten Hubert Lanzinger in den zwanziger Jahren im Stil der Wiener Moderne gestaltetes Hotel oberhalb von Bad Dreikirchen.
Tel. 04 71 65 01 25; geöffnet Juni bis Mitte Sept. ★★

Info

→ Brixen S. 78

Beim Messnerhof in Bad Dreikirchen.

Bad Dreikirchen, das alte Bauernbad oberhalb des Eisacktals, ist ein ideales Ziel für Romantiker und Naturliebhaber.

Routendaten

Länge
60 Kilometer

Ausfahrten
- Bolzano Nord
- Bolzano Sud
- Egna-Ora
- San Michele-Mezzocorona

Von Bozen bis Trient

• Bozen • Girlan/Eppan • Neumarkt/Auer • Kurtatsch • Margreid • Faedo

Nach den zahllosen Kurven und Tunnels bis Bozen öffnet sich endlich das Tal. Die Autobahn zieht sich fast schnurgerade in Richtung Süden und passiert dabei Obstplantagen und Weinlagen. Man spürt einen ersten Temperaturanstieg. Das Südtiroler Unterland geht bei Salurn nahtlos ins Trentino über. Die interessanteren Ausflugsziele liegen fast ausschließlich auf der rechten Seite entlang der Weinstraße. Orte wie **Eppan, Kaltern** oder **Tramin** sind freilich aus Tradition beliebte Urlaubsziele – und das nicht nur zur Törggelenzeit.

Ausfahrt Egna-Ora
→ S. 93

S. 71

Ausfahrt Bolzano Nord
→ S. 86

Ausfahrt Bolzano Sud
→ S. 90

Ausweichstrecken

Zwei Varianten würden sich auf der Strecke zwischen Bozen und Trient anbieten. Da ist einmal die eher reizlose **Bundesstraße** auf der östlichen Talseite, die von Bozen über Auer, Neumarkt, Salurn und Lavis bis nach Trient führt, aber üblicherweise recht stark befahren ist.

Schöner, aber auch umständlicher ist der Weg auf der **Weinstraße** über Eppan und Kaltern bis Mezzocorona, wo man dann wieder auf die Bundesstraße oder Autobahn wechseln kann. Notwendig ist das Ausweichen kaum, denn die Autobahn ist meistens gut befahrbar.

Im Sommer kann man diese Tour mit einem Besuch der berühmten Weinorte Eppan, Tramin oder Kaltern oder mit einem Ausflug zu den Badestränden am Kalterer oder Montiggler See verbinden.

Ausfahrt San Michele-Mezzocorona
→ S. 95

S. 96

Ausfahrt Egna-Ora
→ S. 94

→ Karte S. 82

km 257

➡ **Ausfahrt Bolzano Nord**
3 km nach Westen bis Bozen

● Bozen

Stadtplan → S. 85

Gut 100 000 Einwohner zählt die Hauptstadt der Südtiroler. Dass 70 Prozent von ihnen italienischer Abstammung sind, ist unübersehbar. Die quirlige Handelsstadt zeigt sich sehr südländisch orientiert. Geschäfte und Restaurants machen ebenso auf »bella figura« wie die jüngeren Einwohner.

Hauptattraktionen sind die Geschäfte unter den Lauben rund um den **Obstmarkt** und beim **Waltherplatz**. Dort hinzukommen ist aber nicht ganz einfach. Die engen Straßen im Zentrum sind meist überfüllt. Deshalb sollte man schnellstmöglich einen Parkplatz oder ein Parkhaus aufsuchen. Seit kurzem gibt es dafür in Bozen ein elektronisches Infosystem.

Besonders günstig für **Shoppingtouren** liegt der öffentliche Parkplatz beim Hotel Laurin, nur wenige Meter vom Bahnhof entfernt. Sehr zentral liegt auch die Parkgarage beim Hotel Mondschein in der Mühlgasse.

Ein Spaziergang über den Waltherplatz und durch die Lauben in Verbindung mit einem Espresso in einem der zahlreichen Straßencafés ist jedoch sicher keine Zeitverschwendung. Dass sich die Geschäfte im Zentrum geradezu ideal fürs Shopping anbieten, ist eine Sache. Dass aber Bozen für italienische Verhältnisse ziemlich teuer ist (weswegen Einheimische für größere Anschaffungen gern in südlichere Metropolen fahren), eine andere.

Der Waltherplatz in Bozen mit dem Denkmal seines Namenspatrons Walther von der Vogelweide und der Dompfarrkirche im Hintergrund.

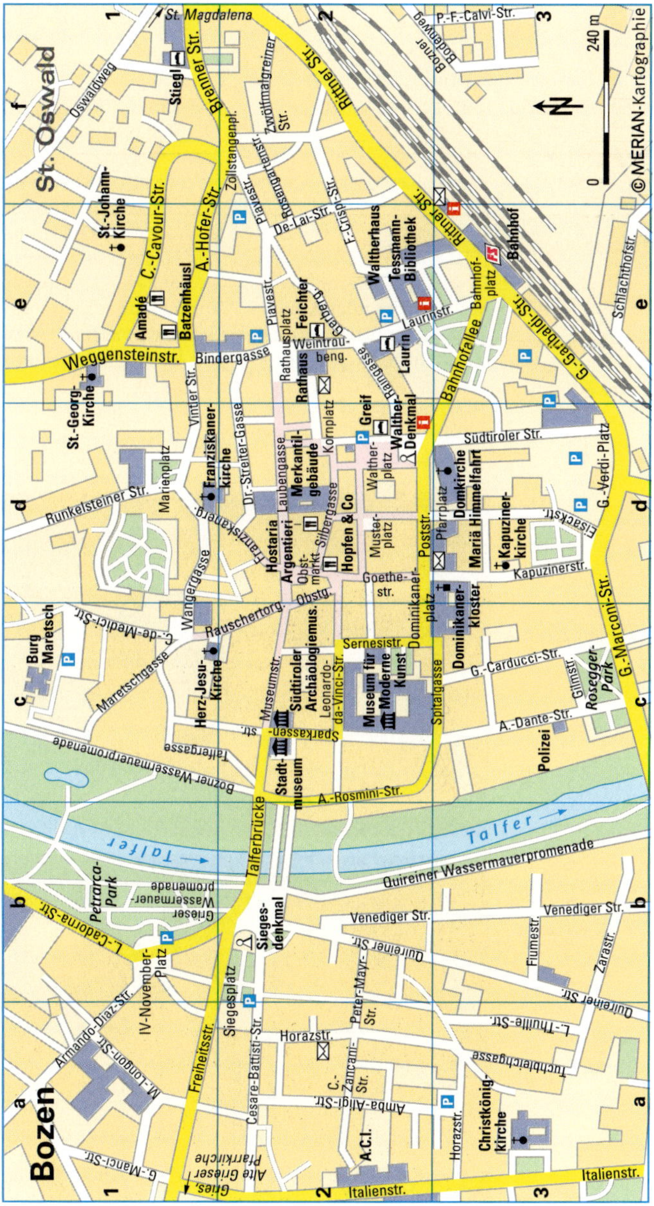
Bozen
St. Oswald
St. Magdalena
Oswaldweg
Brenner Str.
Rittner Str.
Stiegl
C.-Cavour-Str.
A.-Hofer-Str.
St.-Johann-Kirche
Amadé
Batzenhäusl
Weggensteinstr.
St.-Georg-Kirche
Runkelsteiner Str.
Marienplatz
Vintler Str.
Franziskanerkirche
Franziskanerg.
Bindergasse
Dr.-Streiter-Gasse
Zollstangenpl.
Piavestr.
Rosengartenstr.
Zwölfmalgreiner Str.
De-Lai-Str.
F.-Crispi-Str.
Waltherhaus
Tessmann-Bibliothek
Bahnhof
Bahnhofplatz
Bahnhofallee
G.-Garibaldi-Str.
Schlachthofstr.
P.-F.-Calvi-Str.
Bozner Bodenweg
Feichter
Weintraubeng.
Rathausplatz
Rathaus
Laubengasse
Merkantilgebäude
Kornplatz
Greif
Laurin
Laurinstr.
Raingasse
Walther-Denkmal
Waltherplatz
Südtiroler Str.
Domkirche Mariä Himmelfahrt
Pfarrplatz
Poststr.
Musterplatz
Silbergasse
Hopfen & Co
Hostaria Argentieri
Obstmarkt
Obstg.
Goethestr.
Dominikanerplatz
Dominikanerkloster
Kapuzinerkirche
Kapuzinerstr.
Eisackstr.
G.-Verdi-Platz
Wangergasse
Rauschertorg.
Herz-Jesu-Kirche
Maretschgasse
C.-de-Medici-Str.
Burg Maretsch
Museumstr.
Südtiroler Archäologiemus.
Leonardo-da-Vinci-Str.
Sernesistr.
Museum für Moderne Kunst
Spitalgasse
G.-Carducci-Str.
Gilmstr.
Rosegger-Park
G.-Marconi-Str.
A.-Dante-Str.
Polizei
Sparkassenstr.
Stadtmuseum
A.-Rosmini-Str.
Talfergasse
Bozner Wassermauerpromenade
Talfer
Talferbrücke
Quireiner Wassermauerpromenade
Petrarca-Park
Grieser Wassermauerpromenade
L.-Cadorna-Str.
IV-November-Platz
Siegesdenkmal
Siegesplatz
Venediger Str.
Quireiner Str.
Peter-Mayr-Str.
Flumestr.
Zarastr.
Armando-Diaz-Str.
M.-Longon-Str.
Freiheitsstr.
Cesare-Battisti-Str.
Horazstr.
C.-Zancani-Str.
L.-Thuille-Str.
Tuchbleichgasse
Amba-Alagi-Str.
A.C.I.
Christkönigkirche
G.-Manci-Str.
Gries, Alte Grieser Pfarrkirche
Italienstr.
240 m
© MERIAN-Kartographie

→ Karte S. 82

→ **Patscheiderhof**
Von der Ausfahrt Bolzano Nord kurz vor Bozen rechts ab und auf den Ritten bis Signat (6 km)

Essen & Trinken

Hopfen & Co ■ d 2
Kleines Gasthaus mit eigener Brauerei direkt am Obstmarkt.
Obstplatz 17; Tel. 04 71 30 07 88; Mo–Sa 9.30–1 Uhr ★★
EURO VISA

Hostaria Argentieri ■ d 2
Elegantes Ristorante mit italienischer Küche, nur wenige Schritte vom Obstmarkt entfernt. Mit Glück erwischt man einen der Tische im Freien.
Silbergasse 14 a; Tel. 04 71 98 17 18; Mo–Sa 12.30–14, 19–22.30 Uhr ★★★ AmEx DINERS EURO VISA

Patscheiderhof MMM
Der Patscheiderhof ist den Umweg wert: ein romantischer Bauernhof mit einer allseits gelobten bodenständigen Küche, zu dessen Gästen auch der Südtiroler Landeshauptmann Durnwalder zählt.
Signat 178; Tel. 04 71 36 52 67; Mi–Mo 12–21 Uhr ★★
EURO VISA

Sattes Grün vor azurblauem Himmel – der »göttliche Farbkasten« Südtirols ist mit den strahlendsten Tönen bestückt.

Ein beliebter Treffpunkt der jungen Bozner ist das Hopfen & Co.

Sehenswertes

Runkelstein
Die auf senkrecht abstürzenden Felsen am Eingang der Sarner Schlucht gelegene Burg wurde 1237 erbaut. Von Bozen aus kann man sie, der Wassermauerpromenade folgend, in etwa 30 Min. Fußmarsch erreichen.
Führungen März–Ende Nov. Di–Sa 10–17 Uhr, Feiertage geschl.; Eintritt 3 €

Südtiroler Archäologiemuseum c 2
Vom Ende der letzten Eiszeit um 15000 v. Chr. bis zur Zeit Karls des Großen um 800 n. Chr. reichen die Exponate des neuen Museums. Viele Objekte und multimediale Animationen erzählen vom Leben in den südlichen Alpentälern. Zentraler Mittelpunkt: »Ötzi«, der »Mann aus dem Eis«. Die etwa 5300 Jahre alte Gletschermumie wird im Hightechverfahren konserviert.
Museumsstr. 43; Mai–Sept. Di–So 10–18, Okt.–April Di–So 9–17 Uhr; Eintritt 6,70 €, Kinder bis 6 Jahre frei

Thuniversum
Neu geschaffene Mischung aus Erlebniswelt und Kaufhaus der bekannten Südtiroler Kunsthandwerkproduzenten. Das Interieur gestaltete der berühmte Designer und Architekt Matteo Thun. Südtiroler Küche gibt es im eleganten Bistro **Caffè al Volo**.
Via Galvani, 29; Mo, Mi–Sa 9–18, Di 14–18 Uhr

Shopping

Oberrauch & Zitt d 2
Elegantes Trachten- und Modegeschäft in den Bozner Lauben.
Laubengasse 67

Obstmarkt M d 2
Erlebniseinkauf der traditionellen Art. Überquellende Obst- und Gemüsestände vor historischer Kulisse.

Am Bozner Obstplatz lässt sich schon italienisches Flair genießen.

Sportler ■ d 2/e 2
Dies ist das größte und bekannteste Sportgeschäft der Stadt. Neben dem Hauptgeschäft in der Laubengasse gibt es noch einen Ableger speziell für Radsportler an der Raingasse.

Südtiroler Werkstätten M ■ d 2
Geräumiges Geschäft einer lokalen Kunsthandwerker-Genossenschaft mit einer großen Auswahl an Kunsthandwerk, Keramik, Schnitzereien und Bauernmalerei.
Laubengasse 39

Vinum MM östlich ■ f 1
Südtirols größte Vinothek bietet eine gigantische Auswahl an Weinen nicht nur aus der Region und Italien, sondern aus der gesamten Welt.
Brennerstr. 28

Übernachten

Hotel Feichter ■ e 2
Preisgünstiges und sehr zentral gelegenes Hotel mit eigenem Parkplatz.
Weintraubengasse 15; Tel. 04 71 97 87 68, Fax 04 71 97 48 03; 30 Zimmer ★ EURO VISA

Klein, eng und bunt präsentiert sich der berühmte Obstmarkt im Herzen von Bozen.

Hotel Greif M ■ d 2
Besonders klein und besonders fein: Jedes der 33 Zimmer des neu eröffneten Luxushotels am Waltherplatz ist von einem anderen Künstler gestaltet worden. Zum Teil mit privater Sauna oder Whirlpool. Sehr zentrale Lage.
Waltherplatz; Tel. 04 71 31 80 00, Fax 04 71 31 81 48; Internet: www.greif.it; 33 Zimmer ★★★★ AmEx DINERS EURO VISA

Hotel Laurin M ■ e 2
Bislang das erste Haus am Platz, nur wenige Schritte vom Bahnhof entfernt. Gediegene Atmosphäre, ausgezeichneter Komfort, großer Park. Ein Nachteil ist, dass das Hotel keine eigene Garage besitzt und man somit leider den öffentlichen Parkplatz gegenüber nutzen muss.
Laurinstr. 4; Tel. 04 71 31 10 00; 96 Zimmer ★★★★ AmEx DINERS EURO VISA

Hotel Stiegl ■ f 1
Komfortables Drei-Sterne-Hotel etwas außerhalb des Zentrums.
Brennerstr. 11; Tel. 04 71 97 62 22, Fax 04 71 98 11 41; 75 Zimmer ★★★ AmEx DINERS EURO VISA

Info

Verkehrsamt Bozen ■ d 2
Waltherplatz 8; I-39100 Bozen; Tel. 04 71 30 70 00, Fax 04 71 98 01 28

Das Nobelhotel Laurin ist die bekannteste »Herberge« im Zentrum der Stadt.

→ Karte S. 82

km 265

➡ Ausfahrt Bolzano Sud
5 km Richtung Südwest bis Girlan und Eppan

Girlan/Eppan

Auf den Hügeln oberhalb von Bozen dominiert eindeutig der Weinbau. Entlang der Alten Weinstraße von Bozen über **Eppan** und **Kaltern** bis **Tramin** und **Kurtatsch** gibt es eine Fülle von Weingütern und ein entsprechend großes gastronomisches Angebot. Für eine kurze und erholsame Pause bietet sich vor allem Girlan an. Nur wenige Minuten sind es von der Autobahn hinauf zu der Hochebene mit beeindruckendem Ausblick und feinen Lokalen. Ein beliebter und entsprechend frequentierter Urlaubsort ist das benachbarte Eppan. Zur Weiterfahrt kann man die Alte Weinstraße nehmen, bis Tramin fahren und dort auf die andere Talseite nach Neumarkt wechseln und wieder zur Autobahn zurückkehren.

Essen & Trinken

Marklhof M
Alteingesessenes Restaurant in ruhiger Lage am Rande von Girlan mit schöner Aussicht auf Bozen. Familie Oberhofer serviert regionale Spezialitäten wie Gerstlsuppe und Gamsbraten, dazu Grauvernatsch aus dem Eigenbau.
Marklhofweg 14; Girlan; Tel. 04 71 66 24 07; Di–So 12–15, 19.30–21.30 Uhr, So Abend und Mo geschl. ★★★
AmEx EURO VISA

Sehenswertes

Seen
Der Abstecher über die Alte Weinstraße eignet sich bestens für eine kleine Badepause. Zu den **Montiggler Seen** sind es von Eppan aus nur 6 km nach Südosten. Noch bekannter ist der **Kalterer See**, der südlich von Kaltern direkt unterhalb der Straße liegt und wo es ein großes, zur Hauptsaison reichlich frequentiertes Strandbad gibt.

Der Ansitz Tschindlhof in Eppan befindet sich seit Jahrhunderten im Besitz einer alten Adelsfamilie.

Übernachten

Ansitz Tschindlhof M
Schlossartiges Anwesen in sonniger Hanglage inmitten von Weinbergen in Eppan. Die Zimmer mit ihrem stilvollen Interieur haben ihren Preis.
Bergstr. 36; St. Michael/Eppan; Tel. 04 71 66 22 25, Fax 04 71 66 36 49; 22 Zimmer ★★★ EURO VISA

Info

Südtirol Marketing
Pfarrplatz 11; I-39100 Bozen; Tel. 04 71 99 99 99; Fax 04 71 41 38 89; Internet: www.suedtirol.info

Neumarkt/Auer

km 282

➡ **Ausfahrt Egna-Ora**
2 km nach Süden bis Neumarkt, 2 km nach Norden bis Auer

Die beiden Orte im Süden des Südtiroler Unterlandes liegen nahe der Autobahnausfahrt. Lohnenswert ist nicht nur ein Ausflug in das historische Zentrum von Neumarkt, sondern auch ein Abstecher zu den Dörfern der Weinstraße.

Essen & Trinken

Johnson & Dipoli
Nicht nur Weinkenner schätzen das eigenwillige kleine Lokal unter den Lauben im alten Zentrum von Neumarkt. Das Johnson & Dipoli ist eine Mischung aus Restaurant und Vinothek.
Andreas-Hofer-Str. 3; Neumarkt; Tel. 04 71 82 03 23; Di–So 10.30–2 Uhr ★★★ AmEx EURO VISA

Eng und gemütlich: das Weinlokal Johnson & Dipoli in Neumarkt.

Shopping

Weingut Franz Haas
Oberhalb von Neumarkt auf der Straße nach Montan steht das Weingut von Franz Haas, einem jungen und dennoch schon äußerst erfolgreichen Winzer.
Villner Str. 6; Tel. 04 71 81 22 80

Übernachten

Hotel Zirmerhof M
Idyllisch gelegenes Berghotel in Oberradein auf 1500 m Höhe. Nostalgisches Interieur mit einer Stube aus dem 16. Jh. Küche mit Produkten aus der eigenen Landwirtschaft. Sehr gute Küche.
Radein, Oberradein 59; Tel. 04 71 88 72 15, Fax 04 71 88 72 25; 32 Zimmer ★★★ EURO VISA

➡ **Hotel Zirmerhof**
Von Auer 12 km nach Osten bis Oberradein

→ Karte S. 82 A 22

km 282

➡ Ausfahrt Egna-Ora
4 km nach Südwesten bis Kurtatsch

Geradezu eine Südtiroler Institution sind die genügsamen Haflinger.

● Kurtatsch

Kurz bevor die Weinstraße an der Grenze zum Trentino endet, erreicht man Kurtatsch. Der Ort gehört zu den bekanntesten Dörfern an der Weinstraße. Kurtatsch breitet sich auf der Westseite des Etschtales aus und zeigt sich im Zentrum ganz in der Tradition des Südtiroler Unterlandes.

Prachtvolle Ansitze wie Strehlburg oder Freienfeld prägen den Ort ebenso wie bekannte Weingüter und alte Bauernhöfe – eine interessante Adresse also für Weinliebhaber und Kulturinteressierte. Doch nicht nur das: Von Kurtatsch aus kann man, was auf den ersten Blick nicht so leicht möglich scheint, interessante Ausflüge in die Bergwelt mit teilweise recht kuriosen Zielen machen. So führen zwischen den verstreut liegenden Weinbergen und Wäldern verschiedene Wege zu den Mittelgebirgsterrassen von Penon und Graun sowie zur Hochfläche des Fennbergs.

Das Gasthaus zur Rose in Kurtatsch gehört mittlerweile zu den Toprestaurants in Südtirol.

➡ Fennberg
Von Kurtatsch die steilen Serpentinen bergauf, dann links ab bis Ober-Fennberg (4 km), dann noch 2 km bis nach Unter-Fennberg und zum Fenner See

! MERIAN-Tipp

Fennberg Ein Geheimtipp für Naturliebhaber: Ziemlich versteckt liegt der Fennberg, ein wildromantischer Kessel mit alten Bauernhöfen, Almwiesen und zwei urigen Gasthäusern oberhalb von Kurtatsch. Der kleine Fenner See eignet sich ideal zum Erholen, Wandern und zum Einkehren. Der Plattenhof und das Gasthaus »Zur Kirche« sind bodenständige Häuser mit entsprechend rustikaler Küche und schönem Gastgarten. Die Spezialitäten der beiden Wirtshäuser sind Schweinshaxen – für Autoreisende nicht unbedingt die ideale Mahlzeit.

Essen & Trinken

Gasthaus zur Rose M M
Eine anerkannte Adresse für Feinschmecker mit Sinn für historisches Ambiente. Das traditionsreiche Haus stammt aus dem 15. Jh. Im Restaurant mit alter gotischer Stube genießt man am schönen Kachelofen Südtiroler und italienische Spezialitäten.
Endergasse 2; Tel. 04 71 88 01 16; Mo–Sa 12–14, 19–21.30 Uhr ★★★ AmEx EURO VISA

Schloss Turmhof M
Das Weingut der Familie Tiefenbrunner im Ortsteil Entiklar bietet rustikale Weinstuben, einen schattigen Gastgarten und dazu Brotzeiten und die Weine aus dem eigenen renommierten Weingut. Das Schloss ist in südlichen Ockertönen gehalten und mit Zinnen verziert. Der Park rund um die von Weingärten umgebene Anlage lohnt vor oder nach dem Essen einen Spaziergang: Wasserspiele, bizarre Felsgebilde, Steinskulpturen, Fabelwesen und weiße Schwäne im Schlossteich geben der Gartenanlage einen wildromantischen Anstrich und erinnern an die Fantasien von Ludwig II. Der einzigartig kitschig-romantische Garten wurde 1870 von Josef Tiefenruder angelegt.
Schlossweg 4; Entiklar; Tel. 04 71 88 01 22; Mo–Sa 10–20 Uhr; Weinverkauf ganzjährig geöffnet, Weinstuben von Ostern bis Allerheiligen ★★ AmEx DINERS EURO VISA

Übernachten

Turmhotel Schwarzer Adler
Neubau mit Turmstube, Schwimmbad, Sauna und bewirtschaftetem Gartenpavillon.
Schweigglplatz 1; Tel. 04 71 88 06 00, Fax 04 71 88 06 01; 24 Zimmer ★★★ AmEx DINERS EURO VISA auf Anfrage

Schloss Turmhof in Entiklar ist eines der renommiertesten Weingüter im Südtiroler Unterland.

➡ **Schloss Turmhof**
Von Kurtatsch 2 km nach Süden bis Entiklar

Der Fennberg ist ein kleines und vor allem sehr versteckt liegendes Paradies oberhalb von Kurtatsch.

→ Karte S. 82/83 A 22

km 282

➡ **Ausfahrt Egna-Ora**
7 km nach Südwesten bis Margreid

Margreid

Am südlichen Ende der Weinstraße liegt das urige und vergleichsweise ruhige Dorf. Margreid ist nicht nur Heimat der angeblich ältesten Weinrebe Südtirols – sie rankt in der Grafengasse, wo sie 1601 gepflanzt wurde, und trägt bis heute Früchte –, sondern auch des berühmten Weinguts Lageder.

Verspricht paradiesische Genüsse: die Vinothek von Lageder in Margreid.

Shopping

Im Paradeis
Die stilvolle Vinothek in einem alten Ansitz am Dorfplatz offeriert Weine von Lageder ebenso wie ein ausgewähltes internationales Sortiment und italienische Delikatessen.
St.-Gertraud-Platz 5; Tel. 04 71 81 80 80

Weingut Alois Lageder
Im Weingut Alois Lageder kann man bei Südtirols bekanntestem Hersteller direkt kaufen und natürlich auch probieren.
Grafenstr. 9; Tel. 04 71 80 95 00

Weinberge bestimmen die Landschaft rund um Margreid am südlichen Ende der Weinstraße.

Im schattigen Innenhof der Vinothek »Im Paradeis« lässt es sich gut sitzen.

Faedo

Der lebhafte kleine Ort **Mezzocorona** liegt direkt an der Autobahn und Bundesstraße. Wesentlich ruhiger hat man es, wenn man einen Abstecher nach Faedo unternimmt. Wenige Meter südlich der Kreuzung mit der Bundesstraße zweigt nach Osten die Straße in diesen Ort ab, die über etliche Kurven steil bergauf führt. Faedo ist ein ruhiges kleines Dorf mit einem bekannten Weingut als besondere Attraktion.

Essen & Trinken

La Cacciatora
Das traditionsreiche Ristorante liegt verkehrsgünstig und doch ruhig in einer Seitenstraße nahe der Bundesstraße. Rustikales Interieur. Bodenständige Küche und große Auswahl an regionalen Weinen. Geräumige Terrasse vor dem Haus. Reichlich Parkmöglichkeiten vor dem Lokal.
Via Cané, 133; Mezzocorona; Tel. 04 61 65 01 24; Do–Di 12–14, 19–22 Uhr ★★
AmEx DINERS EURO VISA

Ristorante Da Pino
Kürzer kann der Abstecher von der Autobahn kaum sein: Direkt an der Ausfahrt steht das gutbürgerliche Ristorante. Klassische italienische Küche. Parkplatz vor dem Haus.
Tel. 04 61 65 04 35; Di–So 12–14.30, 19–22.30 Uhr ★★
AmEx DINERS EURO VISA

Shopping

Pojer & Sandri
Das renommierte Weingut in Molini unterhalb von Faedo bietet eine große Auswahl an Trentiner Weinen, Spumante, Grappa und Obstbränden.
Loc. Molini; Tel. 04 61 65 03 42, Fax 04 61 65 11 00; Mo–Fr 8–18, Sa 8–12 Uhr; Internet: www.pojeresandri.it

Übernachten

Agritur Ai Molini
Einfache und saubere Frühstückspension hinter dem Weingut Pojer & Sandri im Weiler Molini vor Faedo. Sehr ruhig gelegen. Günstiges Preis-Leistungs-Verhältnis.
Loc. Molini; Tel. 04 61 65 10 88; 5 Zimmer ★ (keine Kreditkarten)

Info

APT Trentino
Via Romagnosi, 11; I-38100 Trento; Tel. 04 61 49 73 53, Fax 04 61 26 02 77

Der Süden Südtirols
Pillhofstr. 1; I-39010 Frangart; Tel. 04 71 63 34 88, Fax 04 71 63 33 67; www.suedtirols-sueden.info

km 302

➡ **Ausfahrt San Michele-Mezzocorona**
5 km nach Osten bis Faedo

Die Südtiroler Küche ist nicht zuletzt für ihre Süßspeisen bekannt.

➡ **La Cacciatora/ Ristorante Da Pino**
Beide Restaurants liegen unweit der Ausfahrt noch vor Faedo

Routendaten

Länge
89 Kilometer

Ausfahrten
- Trento
- Rovereto Nord
- Ala-Avio
- Affi-Lago di Garda Sud
- Verona Nord

Von Trient bis Verona

• Trient • Rovereto • Avio • Affi • Verona

Nach der Tunneldurchfahrt bei Trient wird das Tal immer breiter, die Berge niedriger und auch das Klima milder. Ohne große Richtungsänderungen durchzieht die Autobahn die Gegend, gewinnt die Landschaft vor Verona immer mehr italienische Züge. Die Orte entlang der Strecke sind touristisch kaum bekannt. Und das macht sie und vor allem die zahlreichen **Weingüter** und **Restaurants** überaus empfehlenswert. Oft sind es nur wenige Kilometer, und man entdeckt reizvolle Landschaften mit hochinteressanten Sehenswürdigkeiten – wie etwa die Hochebene von **Folgaria** oberhalb von **Rovereto**.

Ausfahrt Rovereto Nord → S. 106

S. 83

Ausfahrt Trento → S. 99

Ausfahrt Rovereto Nord → S. 105

Ausweichstrecken

Das letzte Teilstück der Strecke von München bis Verona ist meist frei befahrbar, sieht man von gelegentlichen Baustellen ab. Ein Ausweichen auf die Landstraße lohnt sich nur, wenn man die Landschaft genießen kann. Die Bundesstraße von Trient über Rovereto ist dazu nicht der ideale Tipp, auch wenn es zeitraubende Stadtdurchfahrten nur in Trient und Rovereto gibt.

Ein echtes und auch zeitaufwendiges Erlebnis ist eine Tour auf kleinen Seitenstraßen an der Westseite des Tals über Aldeno, Isera, Mori und Avio bis nach Affi kurz vor Verona. Dort erwarten einen nicht nur eine recht kurvenreiche Strecke, sondern auch zahlreiche, teils recht verschlafene Dörfer und dann und wann auch »echte« Sehenswürdigkeiten wie etwa das bekannte Castel Avio.

km 318

➡ **Ausfahrt Trento**
1 km nach Osten bis Trient

Trient

Die traditionsreiche Bischofsstadt ist nicht nur wegen ihrer Autobahnnähe eine Visite wert. Die Fußgängerzone mit ihren zahlreichen **Renaissancepalästen** und den eher bodenständigen Geschäften und Lokalen lohnt einen Abstecher ebenso wie das kunsthistorisch interessante **Castel Buonconsiglio**.

Essen & Trinken

Birreria Forst
Das Gasthaus liegt im Zentrum unweit der Piazza Duomo. Im Obergeschoss sind sehenswerte Reproduktionen des Ciclo dei Mesi des Castels Buonconsiglio ausgestellt. Die rustikale Küche mit Polenta und Wildspezialitäten ist typisch für die Region.
Via Oss Mazzurana, 38; Tel. 04 61 23 55 90; Di–So 12–14, 19–22 Uhr ★★ AmEx DINERS EURO VISA

Osteria a le Due Spade
Die bekannte Osteria finden Sie ebenfalls in direkter Nähe der Piazza Duomo. Hier kommt verfeinerte Trentiner und italienische Küche auf den Tisch.
Via Don A. Rizzi, 11; Tel. 04 61 23 43 43; Di–Sa 12–14.30, 19.30–22 Uhr ★★★ AmEx DINERS EURO VISA

Ristorante Chiesa
Sehr elegantes Ristorante in einem Seitenhof in der Piazza San Marco in der Nähe des Castel Buonconsiglio. Hier haben Sie die Wahl zwischenTrentiner und italienischer Küche. Apfelspezialitäten bereichern nicht nur die Dessertkarte.
Via S. Marco, 64; Tel. 04 61 23 87 66; Mo–Sa 12–14.30, 19.30–22 Uhr ★★★ AmEx DINERS EURO VISA

Bild S. 99: Die Küche der Osteria a le Due Spade in Trient offeriert einfallsreiche Variationen Trentiner Spezialitäten.

Ein gemütliches Wirtshaus im Herzen der Stadt: Birreria Forst.

→ Karte S. 96 A22

➡ **Maso Cantanghel**
6 km nach Osten bis Civezzano

Maso Cantanghel M
Man fährt die SS 47 in Richtung Padova, biegt nach den drei Tunnels nach Civezzano ab und fährt durch den Ort, bis man nach 1 km das Weingut Maso Cantanghel erreicht. Eine kleine, rustikal-elegante Trattoria mit feiner Trentiner Küche. Weine und Grappa aus eigener Herstellung. Reservierung empfehlenswert.
Via Madonnina, 33; Tel. 04 61 85 87 14, Fax 04 61 85 90 50, Mo–Fr 12.30–14.30, 20–21.30 Uhr ★★★ AmEx DINERS EURO VISA

Sehenswertes

Castel Buonconsiglio
Das mächtige Schloss aus dem 13. Jh. im Herzen von Trient beherbergt ein historisches Museum, zahlreiche regionale Kunstwerke und eine archäologische Sammlung. Eine Parkmöglichkeit findet man in der Piazza Mostra vor dem Schloss.
Via B. Clesio, 5; Tel. 04 61 23 37 70; Di–So 9–12, 14–17 Uhr (im Sommer bis 17.30 Uhr); Eintritt 3,50 €, Kinder bis 12 Jahre frei

Piazza Duomo
Der Domplatz mit dem **Neptunbrunnen**, dem **Palazzo Pretorio** – früher die bischöfliche Residenz – und den malerischen **Cazuffi-Häusern** ist nicht nur eine Sehenswürdigkeit, sondern der »Salon« der Trentiner.

Shopping

Casa del Caffè
Sehr beliebte Kaffeebar mit Sorten aus eigener Herstellung und großem Angebot an Tee und Süßigkeiten. In der Via S. Pietro auf halber Strecke zwischen Castel Buonconsiglio und Dom.
Via S. Pietro, 38;
Tel. 04 61 98 51 04

Der Domplatz fungiert als die gute Stube von Trient.

Cavit
Berühmte Cantina mit ausgezeichneten Trentiner Weinen und Sekt. In unmittelbarer Nähe der Ferrari-Kellerei.
Via del Ponte di Ravina, 31; Tel. 04 61 92 20 55, Fax 04 61 91 27 00; Mo–Fr 9–12, 15–19 Uhr

Ferrari M
Keine Sportwagen, sondern Wein und Sekt verbergen sich hinter dem Namen. Die renommierte Wein- und Sektkellerei direkt an der Autobahn bietet von Montag bis Freitag von 10 bis 11.30 Uhr und von 16 bis 17 Uhr kostenlose Führungen und Proben an (August geschlossen). Man fährt von der Ausfahrt Trento Centro nach Süden und biegt dann nach Westen in Richtung Ravina ab.
Via del Ponte di Ravina, 15; Tel. 04 61 97 23 11, Fax 04 61 91 30 08

Pasticceria Bertelli M
Traditionsreiche Pasticceria mit verführerischem Angebot an Torten.
Via Oriola, 29

Übernachten

Castel Pergine MMM
Oberhalb des Ortes direkt an der SS 47 steht das Hotel Castel Pergine auf einer mächtigen Anhöhe. Das Hotel mit Restaurant ist in einer alten Burg untergebracht. Stilvolle Zimmer, herrlicher Ausblick. Reservierung empfehlenswert.
Castel Pergine; Tel. 04 61 53 11 58, Fax 04 61 53 13 29; Restaurant Mo Mittag geschl.; 21 Zimmer ★★ AmEx EURO VISA
nur im Hotel

8

➡ **Castel Pergine**
12 km nach Osten bis Pergine Valsugana

Hotel Accademia
Stilvolles und elegantes Hotel in einem alten Palazzo in einem ruhigen Seitenplatz, zwischen Piazza Duomo und Dantepark gelegen. Schöner Innenhof, eigener Parkplatz.

Wer den etwas mühsamen Weg zum Maso Cantanghel findet, wird mit wohnzimmerhafter Atmosphäre, erstklassigen Menüs und Weinen belohnt.

→ Karte S. 96

Die alte Ritterburg Castel Pergine ist ein stilvolles und dennoch außergewöhnlich günstiges Hotel (→ S. 101).

Die Villa Madruzzo, einst Bischofsresidenz, präsentiert sich heute als ein Nobelhotel am Stadtrand von Trient mit noch erschwinglichen Preisen.

Vicolo Colico, 4/6; Tel. 04 61 23 36 00, Fax 04 61 23 01 74; 41 Zimmer ★★★ AmEx DINERS EURO VISA

Hotel Aquila d'Oro
Sehr zentral am Domplatz gelegenes Mittelklassehotel. Das Haus verfügt über keinen eigenen Parkplatz, doch sind Parkmöglichkeiten an der Piazza Fiera oder in der Via Tomaso zu finden.
Via Belenzani, 76; Tel. 04 61 98 62 82; 19 Zimmer ★★ AmEx DINERS EURO VISA auf Anfrage

Grand Hotel Trento
Das frisch renovierte Nobelhotel der Vier-Sterne-Kategorie liegt im Herzen der Stadt. Gediegen-elegantes Interieur und diverse Wellness-Einrichtungen im Haus sorgen für Wohlbefinden rundum.
Via Alfieri, 1/3; Tel. 04 61 27 10 00, Fax 04 61 27 10 01; 130 Zimmer ★★★ AmEx DINERS EURO VISA

Villa Madruzzo
Eine vornehme Villa in einem großen, gepflegten Park im Ortsteil Cognola oberhalb von Trient. Das Haus war ehemals eine Bischofsresidenz. Man fährt die Schnellstraße in Richtung Padua ein kurzes Stück bis zur Ausfahrt Cognola, von dort ist der Weg beschildert. Das Hotel bietet große Zimmer mit mittlerem Komfort (teilweise leider nicht ganz dem Äußeren entsprechend). Gutes Restaurant. Kühler Service.
Via Ponte Alto, 26; Tel. 04 61 98 62 20, Fax 04 61 98 63 61; 51 Zimmer ★★★ AmEx DINERS EURO VISA

Info

APT Trento
Via Alfieri, 4; I-38100 Trento; Tel. 04 61 98 38 80, Fax 04 61 98 45 08; www.apt.trento.it

---

Rovereto

km 340

➡ **Ausfahrt Rovereto Nord**
1 km nach Süden bis Rovereto

Rovereto kennen die meisten nur als Namensgeber für die Ausfahrt zum **Gardasee.** Dabei hat die Stadt durchaus viel zu bieten: ein historisches Zentrum mit gemütlichen kleinen Gassen, eine mächtige Burg und auf dem Colle di Miravalle die größte Glocke der Welt.

Essen & Trinken

Al Borgo
Sehr renommiertes Restaurant im Zentrum von Rovereto, wirkt von außen eher schlicht. Teils traditionelle und teils kreative Küche.
Via Garibaldi, 13; Tel. 04 64 43 63 00; Di–Sa 12–14, 19.30–21.45, So 12–14 Uhr ★★★★ AmEx DINERS EURO VISA

Locanda delle Tre Chiavi M
Uriges Lokal mit schönem schattigen Innenhof nahe der Ortschaft Isera.
Loc. Lovro; Tel. 04 64 42 37 21, Fax 04 64 42 37 21; Di–So 12–14, 19–23 Uhr, im Aug. mittags nur am Wochenende ★★★ AmEx DINERS EURO VISA

Maso Sasso/Locanda D&D M
Oberhalb von Nogaredo steht das mächtige burgähnliche Gebäude in beeindruckender Panoramalage. Man erreicht die Locanda, indem man Richtung Lago di Cei fährt. Rustikales Restaurant mit bodenständiger Küche. Brot, Pasta und Süßspeisen aus Eigenproduktion. Große Aussichtsterrasse.
Via Maso, 2; Tel. 04 64 41 07 77; Mi–Mo 19–22.30 Uhr, mittags nur am Wochenende ★★ EURO VISA

➡ **Maso Sasso/Locanda D&D**
Von der Ausfahrt Rovereto Nord 1 km nach Norden

→ Karte S. 96

Trattoria dal Barba
Sieht man den Wirt, weiß man, woher die Trattoria »zum Bart« ihren Namen hat. Urig wie das Ambiente sind auch Küche und Service. Das Lokal liegt an der Hauptstraße durch den Ortsteil Villalagarina an einer großen Kreuzung. Große Terrasse. Parkplätze vor dem Haus.
Via Pesenti, 1; Tel. 04 64 41 14 13; Do–Di 12.30–14.30, 19.30–21.30 Uhr ★★ (keine Kreditkarten)

Sehenswertes

Castello di Rovereto
Mächtige Festung, die im 16. Jh. von den Venezianern erbaut wurde und deshalb auch Castel Veneto genannt wird. Heute gehört es der Gemeinde Rovereto und beherbergt ein Kriegsmuseum.
April–Nov. tgl. 8.30–12.30, 14.30–18.30 Uhr

Shopping

Destilleria Marzadro
In Brancolino südlich des Ortsteils Villalagarina steht im Zentrum des Dorfes die bekannte Destillerie von Marzadro. Zahlreiche Grappasorten sind in allen Geschmacksrichtungen und verschiedensten Flaschenarten zu haben.
Brancolino di Nogaredo; Tel. 04 64 43 55 95

De Tarczal
Renommiertes Weingut außerhalb von Rovereto. Bekannt vor allem für den im Trentino typischen Marzemino.
Marano d'Isera; Tel. 04 64/ 40 91 34; Mo–Sa 8–12, 14–19 Uhr

Drogheria Micheli M
Alteingesessenes Lebensmittelgeschäft mit großer Auswahl an regionalen Produkten.
Via Mercerie, 16

Alltagsszene in Roveretos historischem Zentrum.

Bild S. 104: Die Altstadt von Rovereto mit ihren kleinen Gässchen ist von touristischen Heimsuchungen weitgehend verschont geblieben.

Kein Fall für Asketen: die Spezialitäten der Drogheria Micheli in Rovereto.

→ Karte S. 96/97 A 22

Locanda delle Tre Chiavi
3 km nach Westen bis Isera

Übernachten

Hotel Leon d'Oro
Elegantes und modernes Vier-Sterne-Hotel in der Nähe des Bahnhofs in einer ruhigen Seitenstraße. Wegen der Einbahnstraße muss man vorher einmal um den Block fahren. Diskreter, etwas kühler Service.
Via Tacchi, 2; Tel. 04 64 43 73 33, Fax 04 64 42 37 77; 56 Zimmer ★★★ AmEx DINERS EURO VISA

Hotel Rovereto
Man fährt in Richtung Bahnhof und zweigt vor selbigem in den Corso Rosmini ab. Elegantes Stadthotel in einer alten Villa. Das **Ristorante Novecento** (So geschl.) ist bekannt für seine gute Küche. Freundlicher Service. Parkplatz hinter dem Haus.
Corso Rosmini, 82 d; Tel. 04 64 43 52 22, Fax 04 64 43 96 44; 49 Zimmer ★★★ AmEx DINERS EURO VISA

Info

→ Avio S. 107

Viele Kurven und Höhenmeter sind bis zum Bergdorf Guardia zu absolvieren – doch der Weg lohnt sich!

Bergdorf Guardia
Von der Ausfahrt 4 km nach Norden, dann rechts ab in Richtung Folgaria; nach dem mächtigen Castel Beseno bei Mezzomonte führt die kurvige Bergstraße rechts ab nach Guardia

MERIAN-Tipp

Bergdorf Guardia Das kleine Bergdorf ist ein wahrer Geheimtipp. Der Maler und Bildhauer Cirillo Grott lebte hier, und ihm verdankt das Dorf sein ungewöhnliches Äußeres mit den zahlreichen Malereien an den Hauswänden. Einer der Söhne des Künstlers Grott betreibt die kleine, gemütliche Trattoria Grottstube. Rustikales Interieur, verfeinerte Trentiner Küche mit Produkten der heimischen Bauern werden hier geboten. Reservierung empfehlenswert. Montag geschl., Tel. 04 64 72 01 90 ★★ DINERS

Avio

km 361

→ **Ausfahrt Ala-Avio**
3 km nach Südwesten bis Avio

Auf der ruhigeren Westseite des Etschtales liegt das Städtchen Avio. Zur Weiterfahrt kann man die wenig befahrene, aber stellenweise recht kurvige Straße bis Affi nehmen. Schneller geht es aber, wenn man die 3 km zur Autobahn zurück fährt.

Sehenswertes

Castel Avio
Die Burg Avio liegt oberhalb der Ortschaft Sabbionara an der Westseite des Tals und ist eine der bekanntesten und zugleich malerischsten Festungen des Trentino. Die weitläufige Anlage mit ihren drei Mauerringen ist um einen massigen Turm angeordnet. Der »Piccadora«, ein Turm, der die zinnenbewehrte Ringmauer zusätzlich schützt, diente einst anstelle eines Galgens zur Vollstreckung von Todesurteilen. Heute ist die Burg im Besitz des FAI, des italienischen Landschaftsfonds, der den Bau derzeit renoviert. Für Besichtigungen geöffnet. Zahlreiche Fresken gibt es zu bestaunen, unter anderem auch im bekannten »Liebeszimmer« mit entsprechenden Motiven.
Sabbionara d'Avio; Tel. 04 64 68 44 53; Feb.–Sept. tgl. 10–13, 14–18 Uhr, Okt.–Dez. tgl. 10–13, 14–17 Uhr; Eintritt 3,50 €, Kinder 4–12 Jahre 2,50 €

Kartodromo
Rund 5 km von der Autobahnausfahrt entfernt gibt es eine Kartrennbahn bei Chiesurone. Man fährt dazu die Straße auf der Westseite des Tals – sie führt direkt neben der Autobahn entlang – Richtung Süden über Avio und weiter bis zur Kartstrecke. Die 1,2 km lange Piste gehört der Trentiner Kartgemeinschaft.
Chiesurone; Tel. 04 64 67 18 00; Di–Fr 13.30–20, Sa/So 8–20 Uhr (im Winter jeweils bis 17 Uhr)

→ **Kartodromo**
Von der Ausfahrt 5 km nach Süden bis Chiesurone

Shopping

Tenuta San Leonardo
Repräsentatives Weingut der Grafen Guerreri Gonzaga. Renommierter Produzent von Cabernet und Merlot.
Borghetto all'Adige; Tel. 04 64 68 90 04

→ **Tenuta San Leonardo**
Von Borghetto bei Avio auf der Bundesstraße ca. 1 km nach Norden

Info

APT Rovereto
Via Dante, 63; I-38068 Rovereto; Tel. 04 64 43 03 63, Fax 04 64 43 55 28; www.apt.rovereto.tn.it

→ Karte S. 97 A 22

km 389

Affi

➡ Ausfahrt Affi-Lago di Garda Sud
1 km nach Westen bis Affi

Ein kleiner Ort direkt an der Autobahnausfahrt mit einem großen und sehr lebhaften Einkaufszentrum – falls Sie noch etwas brauchen sollten. Von Affi sind es nur wenige Kilometer bis zum Südostufer des **Gardasees** und den beliebten Urlaubsorten **Bardolino** und **Lazise**.

Geschäftiger Kellner in der Trattoria Moscal im alten Ortskern von Affi.

Essen & Trinken

Trattoria Moscal
Die rustikale Trattoria ist am Westrand des Ortes gelegen. Bodenständige Küche, Terrasse am Haus, großer Parkplatz.
Via Pigna, 1; Tel. 04 56 26 03 09; Do–Di 12–14.30, 19–22.30 Uhr ★ AmEx EURO

Sehenswertes

Canevaworld
Ein Vergnügungspark südlich von Lazise. Tropische Insel, mittelalterliches Turnier, Rock-Café. Im Juli und August abends Musikveranstaltungen.
Via Fossalta, 1; Tel. 04 57 59 06 22; Internet: www.canevaworld.it; Mai–Sept. tgl. 10–19 Uhr; Eintritt ab 1,40 m 17 €, unter 1 m frei

Gardaland
Das italienische Disneyland liegt 2 km vor Peschiera, erreichbar über die Schnellstraße von Affi. Großer Vergnügungspark mit Dschungelfahrten, Achterbahn, mittelalterlichem Schloss u. a. Zum vielseitigen Programmangebot gehört noch eine Robben- und Delfinshow. Vermeiden Sie wegen der Besuchermassen das Wochenende!
Castelnuovo del Garda; Tel. 04 56 44 97 77; Internet: www.gardaland.it; April–Okt. tgl. 9.30–18 Uhr, im Hochsommer 9–24 Uhr; Eintritt 21 €, Kinder bis 1 m frei

➡ Gardaland
Über die Schnellstraße von Affi 14 km in Richtung Castelnuovo

➡ Canevaworld
10 km nach Südwesten über Lazise

Das Schmuckstück von Lazise ist die kleine Kirche mit eindrucksvollen Fresken aus dem 13. Jahrhundert.

Parco Natura Viva
Der 400 000 qm große Naturpark liegt nahe der Schnellstraße von Affi nach Peschiera bei Figara. Er besitzt einen 7,5 km langen Safaripark mit Tigern, Löwen und Affen, der mit dem Bus oder dem eigenen PKW befahrbar ist. Tierpark mit tropischen Vögeln und Dinosaurier-imitationen.
Figara; Tel. 04 57 17 00 52; Internet: www.parconaturaviva.it; Mo–Sa 9–18, So 9–19 Uhr, Safari Mo–Sa 9.30–17, So 9.30–17.30 Uhr; Eintritt März–Okt. tgl. 9–16 Uhr, Feb. nur Sa/So; Eintritt Erwachsene 9–13 €, Kinder 3–12 Jahre 7–11 €

Übernachten

Hotel Villa del Quar
MMM
Von der Autobahnausfahrt geht es über Domegiara
9 und S. Pietro in Cariano bis Pedemonte. Das Hotel besticht durch ruhige Einzellage und ihr sehr stilvolles Interieur. Die Villa aus dem 16. Jh. hat außerdem ein Schwimmbad, Gymnastikraum und eine große Parkanlage. Die Villa del Quar ist Mitglied der Relais-&-Châteaux-Hotelgruppe.
Via Quar, 12; Tel. 04 56 80 06 81, Fax 04 56 80 06 04; 18 Zimmer und 4 Suiten ★★★★
AmEx DINERS EURO VISA auf Anfrage

Park Hotel Affi
Nur wenige hundert Meter von der Autobahnausfahrt entfernt am Nordrand des Einkaufszentrum gelegenes, neu gebautes Vier-Sterne-Hotel. Großer Parkplatz, komfortable Ausstattung mit Fitnesseinrichtungen, Whirlpool und türkischem Dampfbad.
Via Danzia; Tel. 04 56 26 60 00, Fax 04 56 26 64 44; Internet: www.parkhotel-affi.com; 105 Zimmer ★★★ AmEx DINERS EURO VISA

➡ **Parco Natura Viva**
10 km nach Süden, zwischen Pastrengo und Bussolengo

100 000 Quadratmeter nasser Spaß: In Canevaworld bei Lazise kommen große und kleine Wasserratten voll auf ihre Kosten.

→ Karte S. 97

km 407

➡ **Ausfahrt Verona Nord**
7 km nach Osten bis Verona

Verona

10

Stadtplan → Klappe hinten

Die Schauplätze der berühmten Romanze »Romeo und Julia«, die Opernaufführungen in der Arena: Verona ist so reich an kulturellen Sehenswürdigkeiten, dass man kaum vorbeifahren kann. Dabei liegen die bekanntesten Attraktionen im historischen Zentrum und lassen sich bei einem Spaziergang miteinander verbinden.

Il Desco: Nobelrestaurant unweit der Piazza delle Erbe im historischen Zentrum von Verona.

Essen & Trinken

Bottega del Vino M d 3
Das Lokal liegt in einer Seitenstraße der belebten Via Mazzini zwischen Arena und Piazza delle Erbe. Die urwüchsige Enoteca wird vorwiegend von einheimischem Publikum frequentiert. Bodenständige Veroneser Küche, Appetit anregende Vorspeisen in der Vitrine und eine große Weinauswahl.
Via Scudo di Francia, 3; Tel. 04 58 00 45 35, Fax 04 58 01 22 73; Mi–Mo 10.30–15, 19–24 Uhr ★★★ AmEx DINERS EURO VISA

Caffè Coloniale
Elegantes Kaffeehaus mit typisch Veroneser Ambiente und hervorragendem Kaffee aus der Rösterei von Giovanni Frasi, dem renommierten Kaffeeguru der Stadt.
Piazetta Viviani 14; Di–So 7–24 Uhr

Il Desco MM e 3
Gilt unter Feinschmeckern als erste Adresse unter den Veroneser Restaurants. In einem alten Palazzo in einer Seitenstraße unweit der Piazza delle Erbe. Kreative Gourmetküche mit zwei Michelin-Sternen. Wegen des geringen Platzangebots sollte man unbedingt reservieren.

Die Arena von Verona liefert den historischen Rahmen für die berühmten Opernaufführungen.

Via Dietro San Sebastiano, 7; Tel. 0 45 59 53 58, Fax 0 45 59 02 36; Mo–Sa 12.30–14, 19.30–22.30 Uhr ★★★★
AmEx DINERS EURO VISA

Sehenswertes

Arena ■ d 3/d 4
Das monumentale Amphitheater aus dem 1. Jh. n. Chr. am Rande der Piazza Brà ist die touristische Attraktion der Stadt, nicht zuletzt wegen der sommerlichen Opernaufführungen.
Piazza Brà

Casa di Giulietta ■ e 3
Das Haus der Julia, der meistbesuchte Ort in Verona, unweit der Piazza delle Erbe dürfte vor allem Shakespeare-Anhänger im Speziellen und Romantiker im Allgemeinen interessieren. Sehenswert sind, neben dem Balkon natürlich, die unzähligen Namensgraffitis im Innenhof (Bild → S. 114/115).
Via Cappello, 21–23

Auf der Piazza delle Erbe, dem »Bauch von Verona«, ist täglich Markt.

Die Casa di Giulietta stammt aus dem 14. Jahrhundert.

Piazza delle Erbe ■ d 2
Ein herrlicher Marktplatz mit gut erhaltenen Palazzi. Traditionell Schauplatz des Obst- und Gemüsemarkts, wo heute aber überwiegend Souvenirs verkauft werden.

Gut gefüllte Weinregale sind die standesgemäße Dekoration in der Bottega del Vino.

→ Karte S. 97

Piazza Signori e 2
Neben der Piazza delle Erbe findet sich dieser ebenfalls beeindruckende Platz mit historischen Fassaden und dem markanten Torre dei Lamberti.

Shopping

Confetteria Dolomite e 3
Die »Küsse«, **baci**, von Romeo und Julia sind das meistgefragte Produkt dieses auf Süßwaren spezialisierten Geschäfts.
Via Cappello, 13

Oreste M d 2
Eine kleine nostalgische Weinhandlung, etwas versteckt hinter der Piazza delle Erbe. Weine aus dem Veneto, Grappa und Sekt sowie kleine Imbisse.
Vic. S. Marco in Foro, 7; Tel. 04 58 03 43 69

Via Mazzini d 3
Die Via Mazzini verbindet die Piazza Brà mit der Piazza delle Erbe und ist die Flaniermeile mit eleganten Geschäften und Boutiquen. Das Angebot ist nicht typisch veronesisch, die bekannten Luxusmarken gibt es in jeder größeren Stadt.

Übernachten

Hotel Accademia d 3
Zentral gelegenes Vier-Sterne-Hotel in einem eleganten Palazzo nur wenige Schritte von der Piazza delle Erbe. Äußerst komfortable Zimmerausstattung, Garage.
Via Scala, 10/12; Tel. 0 45 59 62 22, Fax 0 45 59 62 22; 91 Zimmer ★★★ AmEx DINERS EURO VISA ♿

Der pittoreske Kräuterplatz ist gesäumt von Palazzi aus verschiedenen Epochen.

Hotel Colomba d'Oro ■ d3
Äußerst zentral und dabei doch ruhig gelegen, in einer Seitenstraße hinter der Piazza Brà. Komfortable Ausstattung, eigene Garage.
Via C. Cattanaeo, 10; Tel. 0 45 59 53 00, Fax 0 45 59 49 74; 49 Zimmer ★★★
AmEx DINERS EURO VISA

Dante Alighieri, Florenz' großer Sohn, wurde 1865 auf der Piazza dei Signori mit einem Denkmal geehrt.

Hotel Gabbia d'Oro ■ d2
Eleganter Palazzo im Corso Porta Borsari in direkter Nähe der Piazza delle Erbe. Überwiegend Suiten mit stilvollem Ambiente. Kein Restaurant, doch eigene Garage.
Corso Porta Borsari, 4/a; Tel. 04 58 00 30 60, Fax 0 45 59 02 93; 27 Zimmer ★★★★
AmEx DINERS EURO VISA auf Anfrage

Hotel Torcolo
Ein recht einfaches Hotel unweit der Arena.
Vicolo Listone 3; Tel. 04 58 00 75 12, Fax 04 58 00 40 58; 19 Zimmer ★★ AmEx DINERS EURO VISA

Info

APT Verona ■ d2
Piazza delle Erbe, 38; I-37100 Verona; Tel. 04 58 00 69 97, Fax 04 58 01 06 82; Internet: www.verona-apt.net

Verona hat trotz der Vielfalt seiner Baudenkmäler doch ein überschaubares »centro storico«.

Wertvolle Tipps, mit denen der Ausflug von der Autobahn noch interessanter und angenehmer wird, finden Sie auf den folgenden Seiten.

Die spannende Geschichte von Romeo und Julia kann man sich an historischer Stätte in Verona auf Band anhören (→ Casa di Giulietta S. 111). Wie man ansonsten in Italien richtig telefoniert, erfahren Sie in unserem Service-Teil.

Auskunft

Tourismusverband München-Oberbayern
Bodenseestr. 113; 81243 München;
Tel. 0 89/8 29 21 80, Fax 82 92 18 28

Tirol Info ■ b 2, Klappe hinten
Maria-Theresien-Str. 55; A-6010 Innsbruck;
Tel. 00 43/5 12/72 72, Fax 00 43/51 2/7 27 27

Österreich Information
Postfach 70 15 80; 81315 München;
Urlaubsberatung: Tel. 0 89/66 67 01 00

Südtirol Marketing ■ d 3, S. 81
Pfarrplatz 11; I-39100 Bozen;
Tel. 04 71 99 38 08, Fax 04 71 99 38 89

Staatliches Italienisches Fremdenverkehrsamt (E.N.I.T.)
- Berliner Allee 26; 40212 Düsseldorf; Tel. 02 11/13 22 32; Fax 13 40 94
- Kaiserstr. 65; 60329 Frankfurt/Main; Tel. 0 69/25 93 32, Fax 23 28 94
- Goethestr. 20; 80336 München; Tel. 0 89/53 03 69/60, Fax 53 45 27
- Info-Hotline für Italien: Tel. 01 90/79 90 90

Feiertage

Allgemein
1. Jan. Neujahr
6. Jan. Heilige Drei Könige
Ostermontag
1. Mai Tag der Arbeit
Pfingstmontag
15. Aug. Mariä Himmelfahrt
1. Nov. Allerheiligen
8. Dez. Mariä Empfängnis
25. und 26. Dez. Weihnachten

Nicht nur an Feiertagen trifft man sich in Italien in der kleinen Bar an der Ecke, um die neuesten Nachrichten zu besprechen.

Österreich
Christi Himmelfahrt
Fronleichnam
26. Okt. Nationalfeiertag

Italien
An einigen kirchlichen Feiertagen (z. B. Fronleichnam) wird normal gearbeitet und erst am darauf folgenden Sonntag gefeiert.
25. April Tag der Befreiung von der faschistischen Diktatur

Geld

Mit der Einführung des Euro ist das leidige Geldwechseln gottlob kein Thema mehr. Und auch die Preistransparenz ist erheblich besser geworden. Einige Details sollte man jedoch dennoch beachten. Die Banken haben in Österreich üblicherweise Mo–Mi und Fr von 8–15 Uhr und Do von 8–17.30 geöffnet. In Italien sind die Banken Mo–Fr von 9–13 Uhr, meist auch nachmittags zwischen 15–16 Uhr geöffnet. Bankomaten sind vor allem in den städtischen Bereichen und den Urlaubsorten weit verbreitet. Das gilt auch für die

Akzeptanz von Kreditkarten. In Hotels und Restaurants sind sie Standard, ebenso an den größeren Tankstellen. Wer jedoch ein uriges Wirtshaus auf dem Land aufsucht, sollte sich nicht darauf verlassen, dass die kleinen Karten als Zahlungsmittel willkommen sind.

Internet

Die Zahl der Orte, die ihre Angebote im Internet anbieten, wächst ständig. Allerdings wechseln auch gerne die Adressen. Den besten Überblick hat man auf regionalen Websites. Dort findet man Wegweiser, Veranstaltungen, Hotels, Restaurants und andere nützliche Informationen.

- Oberbayern: www.btl.de/oberbayern
- Tirol: www.tirol.at
  www.tiscover.at
- Südtirol: www.suedtirol.info
- Trentino: www.provincia.tn.it/apt
- Verona: www.verona-apt.net

Maut

Autobahngebühr (Vignette) in Österreich:
Jahresvignette: PKW 72,60 €, Motorrad 29 €
2-Monats-Vignette: PKW 21,80 €, Motorrad 10,90 €
10-Tages-Vignette: PKW 7,60 €, Motorrad 4,30 €

Brennerautobahn (einfache Fahrt):
PKW und Motorrad je 8 €

Autobahn Italien (Brenner bis Verona, einfache Fahrt):
PKW und Motorrad je ca. 12 €

Notruf

In Deutschland

- Polizei 110
- Feuerwehr/Rettung 112

Nebenkosten in Österreich	
1 Tasse Kaffee	1,90
1 Bier	2,60
1 Cola	1,50
1 Brot (0,5 kg)	2,30
1 Schachtel Zigaretten	2,70–3,10
1 Liter Benzin	0,90
Fahrt mit öffentl. Verkehrsmitteln (Einzelfahrt)	1,60
Mietwagen/Tag	ab 50,00

Nebenkosten in Italien	
1 Espresso	0,90
1 Bier	1,90
1 Cola	1,30
1 Brot (0,5 kg)	1,30
1 Schachtel Zigaretten	2,60
1 Liter Benzin	1,40
Fahrt mit öffentl. Verkehrsmitteln (Einzelfahrt)	1,30
Mietwagen/Tag	ab 50,00

Stand: November 2002

In Österreich
- Polizei 1 33
- Unfallrettung 1 44 oder 1 12
- Ärzte-Notdienst 1 41
- ADAC-Notruf-Tel. 01/9 85 69 66

In Italien
- Carabinieri 1 12
- Notarzt und Polizei 1 13
- ACI-Abschleppdienst 1 16
- ADAC-Notruf-Tel. 02 66 15 91

Reisedokumente

Auch wenn die Grenzen offen sind, für eventuelle Kontrollen sollte man neben Personalausweis, Führerschein (»patente di guida«) und Kfz-Schein (»libretto di circolazione«) in Italien auch die grüne Versicherungskarte bei sich haben.

Reisewetter

Aktuelle Reisewetter-Informationen erhält man in Tirol unter Tel. 09 00/91 15 66 08, in Südtirol unter Tel. 04 71 27 11 77.

Straßenzustandsbericht

In Bayern
ADAC
Tel. 0 18 05/10 11 12; www.adac.de

In Tirol
ÖAMTC
Tel. 05 12/15 00; www.oeamtc.at

In Südtirol
Südtiroler Verkehrsmeldezentrale
Tel. 04 71 20 01 98

In Italien
ACI-Straßenzustand
Tel. 1 94

Telefon

In Österreich gilt wie gehabt bei Anrufen vom Ausland, dass die 0 vor der Ortswahl weggelassen wird. Aufgrund des scharfen Wettbewerbs zwischen den Mobilfunknetz-Betreibern gehören die Handy-Gebühren zu den niedrigsten in Europa.

Die genauen Klimadaten von **Innsbruck**

	Januar	Februar	März	April	Mai	Juni	Juli	August	September	Oktober	November	Dezember
Durchschnittl. Temp. in °C – Tag	1,0	4,2	10,7	15,5	20,2	23,5	24,9	23,8	21,2	14,7	7,5	2,3
Durchschnittl. Temp. in °C – Nacht	-6,5	-4,5	-0,1	3,7	7,9	11,1	12,8	12,4	9,6	4,5	0,1	-4,2
Sonnenstunden pro Tag	2,3	3,8	5,1	5,4	6,0	6,3	6,8	6,4	6,0	4,7	2,9	2,2
Regentage	13	13	11	14	15	19	19	17	14	12	12	13

Quelle: Deutscher Wetterdienst, Offenbach

In Italien muss seit 1998 die Vorwahl samt der 0 mitgewählt werden, und zwar bei Auslands- wie Inlandstelefonaten. Selbst bei Ortsgesprächen: In Bozen z. B. wählt man vor jeder Nummer die 04 71. Handymaniacs werden sich in Italien wie im Paradies fühlen. Vor dem »cellulare« ist wirklich nichts mehr heilig.

Vorwahlen
D → A: 00 43
D → I: 00 39
A → D: 00 49
A → I: 00 39
I → D: 00 49
I → A: 00 43

Verkehrsfunk

Regelmäßige Verkehrsinformationen gibt es in Oberbayern vom BR, 97,3 bzw. 98,5 MHz, in Tirol bei Ö3, 99,0 bzw. 88,5 MHz und in Südtirol und im Trentino von RAI, Sender Bozen, 99,0 MHz (wechselt je nach Region).

Verkehrsvorschriften

Europa hin oder her, noch existieren selbst zwischen den Nachbarn Deutschland, Österreich und Italien einige gesetzliche Unterschiede, die man nicht auf die leichte Schulter nehmen sollte – und die in manchen Regionen gerade bei Touristen ziemlich scharf kontrolliert werden.

Zwar haben die EU-Staaten sich auf die europaweite Gleichstellung geeinigt. Doch betrifft dies zunächst nur die Verfolgung von Verstößen und nicht die Harmonisierung der Vorschriften. Besonders wichtig: Wer erwischt wird, dem droht in Österreich dank eines Vollstreckungsabkommens gleicher Ärger wie in Deutschland.

Das ist in Italien zwar noch nicht der Fall, aber die Carabinieri neigen deshalb dazu, bei Touristen an Ort und Stelle den Führerschein als Pfand zu kassieren (→ Einführung S. 10, Allgemeine Verkehrshinweise).

Die genauen Klimadaten von **Verona**

	Januar	Februar	März	April	Mai	Juni	Juli	August	September	Oktober	November	Dezember
Durchschnittl. Temp. in °C – Tag	5,8	7,9	12,0	16,8	21,0	25,4	27,8	27,6	24,4	18,3	12,2	7,3
Durchschnittl. Temp. in °C – Nacht	0,9	1,7	5,2	5,0	13,7	17,3	19,5	19,2	16,5	11,5	6,9	2,7
Sonnenstunden pro Tag	2,6	3,8	5,0	6,0	7,7	8,4	9,8	8,5	7,0	5,4	2,5	2,7
Regentage	6	6	7	8	9	7	6	5	6	8	9	7

Quelle: Deutscher Wetterdienst, Offenbach

Wichtige Wörter und Ausdrücke

Ja	*si*
Nein	*no*
Bitte	*per favore, per piacere*
Und	*e*
Wie bitte?	*prego, come?*
Ich verstehe nicht	*non capisco*
Entschuldigung, entschuldigen Sie	*scusa, scusi*
Guten Morgen, guten Tag	*buon giorno*
Guten Abend	*buona sera* (sagt man üblicherweise schon nachmittags)
Gute Nacht	*buona notte*
Hallo	*ciao*
Ich heiße ...	*mi chiamo ...*
Ich komme aus ...	*(io) vengo da ...*
Wie geht's ?	*come va?*
Danke, gut	*bene, grazie*
Wer, was, welcher	*chi, (che) cosa, quale*
Wie viel	*quanto*
Wo ist?	*dove è?*
Wann	*quando*
Wie lange	*per quanto tempo*
Sprechen Sie Deutsch?	*Lei parla tedesco?*
Auf Wiedersehen	*arrivederci*
Heute	*oggi*
Morgen	*domani*

Zahlen

null	*zero*
eins	*uno*
zwei	*due*
drei	*tre*
vier	*quattro*
fünf	*cinque*
sechs	*sei*
sieben	*sette*
acht	*otto*
neun	*nove*
zehn	*dieci*
hundert	*cento*
tausend	*mille*
zehntausend	*diecimila*
hunderttausend	*centomila*

Wochentage

Montag	*lunedì*
Dienstag	*martedì*
Mittwoch	*mercoledì*
Donnerstag	*giovedì*
Freitag	*venerdì*
Samstag	*sabato*
Sonntag	*domenica*

Mit und ohne Auto unterwegs

Wie weit ist es nach ....?	*Quanto è distante ...?*
Wie kommt man nach ...?	*Come si arriva a ...?*
Wo ist ...	*Dove è ...*
– die nächste Werkstatt?	*– l'officina più vicina?*
– der Bahnhof/ Busbahnhof?	*– la stazione/stazione del pullman* (*autobus*)
– die nächste Bus-Station?	*– la fermata del pullman* (*autobus*) *più vicina?*
– der Flughafen?	*– l'aeroporto?*
– die Touristen-information?	*– l'ufficio turistico?*
– die nächste Bank?	*– la banca più vicina?*
– die nächste Tankstelle?	*– il distributore di benzina?*
Wo finde ich	*Dove trovo*
– einen Arzt/	*– un medico*
– eine Apotheke?	*– una farmacia?*
Bitte volltanken	*Per favore, il pieno di benzina*
Super	*benzina super*
Bleifrei	*senza piombo/ benzina verde*
Diesel	*diesel*
Mischung	*miscela per motocicli*

rechts	*destra*
links	*sinistra*
geradeaus	*diritto*
Ich möchte ein Auto/ein Fahrrad mieten	*Vorrei noleggiare un automobile/una bicicletta*
Wir hatten einen Unfall	*Abbiamo avuto un incidente*
Bitte eine Fahrkarte nach ...	*Per favore, un biglietto per ...*
Hin und zurück	*andata e ritorno*
Der Motor springt nicht an	*il motore non si mette in moto*

Hotel

Ich suche ein Hotel	*Cerco un albergo*
Ich suche ein Zimmer für ... Personen	*Cerco una camera per ... persone*
Haben Sie noch ein Zimmer frei?	*Lei ha ancora una camera libera*?
– für eine Nacht	– *per una notte*
– für zwei Tage	– *per due giorni*
– für eine Woche	– *per una settimana*
Ich habe ein Zimmer reserviert	*Ho prenotato una camera*
Wie viel kostet das Zimmer?	*Quanto costa* (*la camera*)?
– mit Frühstück	– *con prima* (*piccola*) *colazione*
– mit Halbpension	– *con mezza pensione*
Kann ich das Zimmer sehen?	*Posso vedere la camera*?
Ich nehme das Zimmer	*Si, la prendo*
Kann ich mit Kreditkarte zahlen?	*Posso pagare con la carta di credito*?
Haben Sie noch Platz für ein Zelt/einen Wohnwagen?	*C'è ancora posto per una tenda/una roulotte*?

Restaurant

Die Speisekarte bitte	*La lista delle vivande* (*il menu*), *per favore*
Die Rechnung bitte	*Il conto, per favore*
Ich hätte gern einen Kaffee	*Vorrei un caffè*
Wo finde ich die Toiletten? (Damen/Herren)	*Dove trovo i gabinetti?* (*Signore*/*Signori*)
Kellner	*cameriere*
Frühstück	*prima* (*piccola*) *colazione*
Mittagessen	*colazione* (*pranzo*)
Abendessen	*cena*

Einkaufen

Wo gibt es ...?	*Dove è ...?*
Haben Sie ...?	*Lei ha ...?*
Wie viel kostet ...?	*Quanto costa ...?*
Das ist zu teuer	*Costa troppo*
Geben Sie mir bitte 100 g/ein Pfund/ein Kilo	*Per favore, mi dia un etto/mezzo chilo/un chilo*
Danke, das ist alles	*Grazie, è tutto*
Geöffnet/geschlossen	*aperto*/*chiuso*
Bäckerei	*fornaio, panetteria, panificio*
Kaufhaus	*grande magazzino*
Markt	*mercato*
Metzgerei	*macelleria*
Haushaltswaren	*negozio di casalinghi*
Lebensmittel	*negozio* (*generi*) *di alimentari*
Briefmarke(n)	*francobollo*(*i*)
für einen Brief/Postkarte nach Deutschland/Österreich/in die Schweiz	*per una lettera*/*cartolina per la Germania*/*l'Austria*/*la Svizzera*

Österreich

B

Beuschel: geschnetzelte Lunge in Mehlsauce, meist mit Knödel
Blunzen: Blutwurst

E/F

Eierschwammerl: Pfifferling
Einspänner: Mokka im Glas mit Schlagsahne
Erdäpfel: Kartoffeln
Faschiertes: Hack (meist Rind und Schwein gemischt)
Fisolen: grüne Bohnen

G

Germteig: Hefeteig
Gselchtes: Geräuchertes

K/L

Kaiserfleisch: geräucherter Schweinebauch
Karree: Rippenstück
Kohlsprossen: Rosenkohl
Kren: Meerrettich
Lungenbraten: Lendenbratenfilet

M

Malakofftorte: Creme-Biskuittorte
Melange: kleiner Espresso mit viel geschäumter Milch

P/R

Paradeiser: Tomate
Ribiseln: Johannisbeeren

S

Schlögel: Kalbs-oder Hammelkeule
Schöpsernes: Hammelfleisch
Seiderl: Glas zu 0,3 l mit Bier
Selchfleisch: geräuchertes Fleisch
Stelze: Haxe (Eisbein)
Striezel: Hefeteigzopf

Südtirol

A

Apfelkiechl: mit Teig umhüllte, in Öl gebackene Apfelscheiben, oft mit Zimt und Zucker bestreut

E/F

Eierschwämme: Pfifferlinge
Fisolen: grüne Bohnen
Frittatensuppe: Rinderbrühe mit geschnittenem Pfannkuchen

G

Germknödel: Hefeklöße, gefüllt mit Zwetschgenmus
Geselchtes: Geräuchertes

H/K

Herrengröstl: Röstkartoffeln mit Kalbfleischstückchen
Kaminwurzen: würzige Dauerwürste (eine Art Landjäger)
Karfiol: Blumenkohl
Kohlsprossen: Rosenkohl
Kren: Meerrettich

M/N

Marende: Imbiss am Nachmittag
Marillen: Aprikosen
Nocken: Mehlklößchen aus Eierteig

S

Schlagobers: Sahne
Schüttelbrot: Roggenbrotfladen
Schwämme: Pilze
Selchfleisch: geräuchertes Schweinefleisch

V

Vintschgerl: kleines Fladenbrot aus Roggenmehl

Italien

A

acqua: Wasser
– *gassata:* mit Kohlensäure
aglio: Knoblauch
anatra: Ente
arrosto: Braten, gebraten
asparago: Spargel

B

bistecca: Steak
bollito: gekocht
alla brace: auf Holzglut gebraten
brasato: Schmorbraten, geschmort

C

caffè (espresso): Espresso
– *corretto:* Espresso mit einem Schuss Likör
– *macchiato:* mit einigen Tropfen warmer Milch
carciofi: Artischocken
alla casalinga: hausgemacht
cinghiale: Wildschwein
coniglio: Kaninchen
costata: Entrecôte

F

fagiolata: Bohnengericht
favata: Kasserole mit Bohnen, Schinken, Wurst
fegato: Leber
– *alla veneziana:* mit Zwiebeln
finocchio: Fenchel
focaccia: Brot mit Olivenöl, oft belegt mit Zwiebeln oder Tomaten
Fragolino: süßer Wein
frittata: Omelett
fritto: frittiert

M

macedonia di frutta: Obstsalat
maiale: Schwein
manzo: Rindfleisch
melanzana: Aubergine

P

pancetta: Speck
panettone: leichter Kuchen mit Rosinen und kandierten Früchten
pappardelle: lange, breite Nudeln
patate: Kartoffeln
pesce: Fisch
pomodoro: Tomate
porcini: Steinpilze
profiterole: kleine, gefüllte Windbeutel
prosciutto: Schinken

R

ricotta: weicher Schafmilchkäse
risi e bisi: Reis und Erbsen, in Hühnerbouillon gekocht

S

salsiccia: würzige Schweinswurst
saltimbocca: Kalbfleisch mit Schinken, Gewürzen und Weinsauce
seppie: Tintenfische
scaloppa: Schnitzel
sfogliatelle: gefülltes Gebäckteil
sogliole: Seezungen
spezzatino: Gulasch
spinaci: Spinat
supa de trippe: Kuttelsuppe

T

tartufo: Trüffel
tonnato: in Tunfischsauce
tramezzino: weiches Sandwich
trota: Forelle

V

alla veneziana: mit Zwiebeln und Weißwein
verdura: grünes Gemüse
vitello: Kalbfleisch

Z

zaléti: Maisgebäck
zucca: Kürbis

Hier finden Sie alphabetisch aufgeführt alle in diesem Band beschriebenen Orte und Ausflugsziele. Bei einzelnen Sehenswürdigkeiten, Hotels und Lokalen steht jeweils der dazugehörige Ort in Klammern. Außerdem enthalt das Register wichtige Stichworte, landessprachliche Bezeichnungen sowie alle MERIAN-Tipps dieses Reiseführers. Wird ein Begriff mehrfach aufgeführt, verweist die **fett** gedruckte Zahl auf die Hauptnennung.

Liebe Leserinnen und Leser,

Sie haben die komplett aktualisierte Ausgabe 2003 von MERIAN live! vor sich, die von unserem Autor aktuell vor Ort recherchiert wurde. Wir freuen uns, Ihre Meinung zu diesem Reiseführer zu erfahren. Bitte schreiben Sie uns, wenn Sie Berichtigungen und Ergänzungsvorschläge haben oder Ihnen etwas besonders gut gefällt.

Gräfe und Unzer Verlag, Reiseredaktion, Postfach 86 03 66, 81630 München
E-Mail: merian-live@graefe-und-unzer.de

Alle Angaben in diesem Reiseführer sind gewissenhaft geprüft. Preise, Öffnungszeiten usw. können sich aber schnell ändern. Für eventuelle Fehler übernimmt der Verlag keine Haftung.

Redaktion: Christa Botar
Kartenredaktion: Ingrid Schobel

**Bei Interesse an Karten aus MERIAN-Reiseführern schreiben Sie bitte an: iPublish GmbH, geomatics, Berg-am-Laim-Straße 47, 81673 München.
E-Mail: geomatics@ipublish.de**

Gestaltung: Ludwig Kaiser
Karten: MERIAN-Kartographie
Produktion: Maike Harmeier
Satz: H3A GmbH, München
Druck und Bindung: Stürtz AG, Würzburg

Fotos: Alle Fotos von J. Brandis außer H. Arndt 4/5, 66; B. Arnold/laif 111 m, 113 u; B. Arnold/VISUM 114/115; H. Hartmann 109, 112; Holzner & Lengnick 86 o; G. Jung 8, 60; Photopress/Hapf 58, /Hausmann 45, /Rauh 22, 27, 33 u, 38/39, 46, 49, 68/69, 73, 74, 113 o, 110 u, /Rose 18/19, /Steffens 53; J. F. Poplete 31; H. Ötzen 48; M. Radkei 54; Silvestris Fotoservice/Craddock 108 u; T. Stankiewicz 116; M. Thomas 9, 87

Gedruckt auf Primabulk von Papier Union

GRÄFE UND UNZER

Ein Unternehmen der
GANSKE VERLAGSGRUPPE

ISBN 3-7742-0093-9

10 9 8 7 6 5 4 3 2 1